W0016001

Charlotte Hofmann-Hege

Alles kann ein Herz ertragen

Charlotte Hofmann-Hege

Alles kann ein Herz ertragen

Die weite Lebensreise der Elisabeth Thiessen

Salzer Verlag GmbH Bietigheim

Elfte Auflage 1999

Umschlagbild: Ausschnitt aus einem
Gemälde von Wassili Surikow (1848–1916)
Satz und Druck: Offizin Chr. Scheufele, Stuttgart
Printed in Germany · ISBN 3 89808 279 2

Lieben, Hassen, Hoffen, Zagen,
Alle Lust und alle Qual,
Alles kann ein Herz ertragen
Einmal um das andere Mal.

Aber weder Lust noch Schmerzen,
Abgestorben auch der Pein,
Das ist tödlich deinem Herzen,
Und so darfst du mir nicht sein!

Mußt dich aus dem Dunkel heben,
Wär es auch um neue Qual,
Leben mußt du, liebes Leben,
Leben noch dies eine Mal!

Hugo von Hofmannsthal

Wahlspruch von Elisabeth Thiessen:

Liebe Dein Schicksal,
denn es ist der Weg Gottes
zu Deinem Herzen.

Erste Begegnung

Gestern war ich wieder einmal im blühenden Heilbronner Stadtgarten. Dort habe ich auf einer Bank Elisabeth Thiessen zum erstenmal zufällig gesehen. Ich hatte keine Ahnung, daß dieser fremdartig aussehende Mensch eine Cousine von mir war.

Damals gingen unsere Kinder noch in Heilbronn zur Schule, und an jenem Nachmittag erwartete ich sie – wie vereinbart – bei dieser Bank, damit wir zusammen nach Hause fahren könnten.

Neben mir saß eine dunkel gekleidete, ältere Frau; ihre Erscheinung erinnerte mich an die Art von Rücksiedlerinnen aus dem Osten. Und für eine solche hielt ich sie denn auch.

Sie war blaß; der Silberblick ihres rechten, leicht schielenden Auges gab dem stillen Ausdruck ihres Gesichtes etwas Entrücktes. Ich richtete ein paar belanglose Worte an sie, und sie antwortete freundlich, mit fremdländischem Akzent.

Gleich darauf kamen meine Kinder mit geröteten Wangen und blitzenden Augen, und, wie immer, hatten sie unerhörte Neuigkeiten von höchster Wichtigkeit loszuwerden. Ich grüßte die Fremde auf der Bank, und dann gingen wir zum Auto.

Mein Abschiedsgruß währte nur eine Sekunde. Aber wie schäme ich mich nachträglich dieses kurzen Augenblicks! Meine Freundlichkeit war, mir kaum bewußt, von Mitleid getarnt gewesen. Doch es war kein gutes, es war ein recht billiges Mitleid. Im Grunde war ich froh, daß ich kein Asylant und kein Rücksiedler zu sein brauchte, der in unserer übervölkerten, umweltbedrohten Bundesrepublik Deutschland auch noch ein Plätzchen zu suchen gezwungen war.
Was wußte ich schon davon, wie furchtbar ein Menschenleben hineingepreßt werden kann in die Mühle des Zeitgeschehens!

Etliche Monate später sah ich Elisabeth wieder. Es war im Hause meines Bruders, wo wir miteinander bekannt gemacht werden sollten. Ich hatte inzwischen erfahren, daß diese mir fremde Cousine nach Heilbronn gezogen war und daß sie ein höchst merkwürdiges Schicksal gehabt hatte. Ich brauchte jedoch eine ganze Weile, um sie als jene Frau vom Stadtgarten wiederzuerkennen. Sie war nun westlich gekleidet, erschien jünger und frischer. Sie selbst erkannte mich übrigens nicht mehr, ich war froh darüber und schwieg.
Sie erzählte lebhaft, ja fast heiter und humorvoll, aber etwas ungeordnet. Auch fiel ihr die deutsche Sprache noch schwer. Man nannte sie überall »Liesel«, wie sie es von Kindheit an gewöhnt war.

Sie lebte nach dieser Begegnung noch etwa zwölf Jahre in und um Heilbronn. Wir sahen und sprachen uns häufig.

Sie berichtete viel aus ihrem Leben, wenn auch nicht immer das, was ich wissen wollte. Ja, eigenwillig war sie schon ein wenig.

Nach ihrem Tod im Jahre 1982 wurde ich von der Familie gebeten, ihr außergewöhnliches Schicksal festzuhalten. Ich erhielt eine Schachtel voll vergilbter, zerfledderter Briefe, einige Tonbänder und Notizbücher mit tagebuchartigen Einträgen.

Ich will nicht verheimlichen, daß mir die Arbeit an diesem Lebensbild zunächst schwer fiel. Liesels Wesen war mir im Grunde fremd geblieben. Sie war ein Charakter, in welchem es Widersprüche gab. Würden ihre einfachen Aufzeichnungen überhaupt bedeutend genug sein, um sie biographisch zu verwerten?

Je tiefer ich mich aber in dieses Leben »hineinliebte«, desto betroffener machte es mich, denn, indem ich hier einem Einzelschicksal nachging, entdeckte ich, daß es stellvertretend für Millionen Entrechteter in unserer so unerbittlich organisierten Welt stand. Macht- und Geldstreben, Gewalt, Ungerechtigkeit, Korruption und dadurch entstehendes Elend werden wohl nicht aufhören, solange die sich so rasch vermehrende Menschheit auf unserem Erdball bestehen bleibt. Könige und Mächtige verschaffen sich Gehör. Aber die Geringen leiden lautlos und im Verborgenen. Die Not wird in immer neuer Gestalt ruhelos von Land zu Land wandern, in jedem Jahrhundert unter anderen Vorzeichen, aber für den Einzelnen stets bitter zu durchstehen.

Elisabeths Einzelschicksal soll den Stummen eine Stimme geben. Dabei greift scheinbar Vergangenes mitten in un-

sere Gegenwart hinein. Es gibt wohl viel mehr solcher Lebensläufe, als wir ahnen.
Während meiner Arbeit war ich übrigens auch einige Male dem Prozeß des Umdenkenmüssens ausgesetzt. Ich erkannte, daß es nicht nur auf die Vollkommenheit eines Charakters oder auf die »Größe« einer vorweisbaren Leistung ankommt. Es kommt darüber hinaus auf ganz andere, viel umfassendere Zusammenhänge an, und es wird dem Leser nicht schwer sein, diese Linien in Elisabeth Thiessens Leben herauszufinden.
Ganz gewiß kann ihr Schicksal dem modernen, von viel innerem Suchen umgetriebenen Menschen ein Stück Ermutigung, Tröstung und Hoffnung geben.

Das Elternhaus

> Jedes neugeborene Kind bringt
> die Botschaft, daß Gott
> sein Vertrauen in den Menschen
> noch nicht verloren hat.
>
> *Tagore*

Er war recht sorgenvoll, der Sommer des Jahres 1897. Im Königreich Württemberg hatte furchtbarer Hagelschlag die halbe Ernte vernichtet, und im Königreich Bayern kämpfte man nach dürren Wochen mit Regenfluten. Die Stadt Schweinfurt am Main war mehrmals von Hochwasser bedroht, und auf den Feldern des Deutschhofs bei Schweinfurt mußte der Mais umgepflügt werden. Deshalb war der Freudentag, der sich im Monat Juli auf dem Deutschhof ereignete, besonders nötig.

»Wir haben Glück!« rief die Hebamme und klopfte dem schreienden Neugeborenen aufs rosige Hinterteil. »Es ist ein Mädchen! Und was für ein zähes, kräftiges, so was hab' ich im Gefühl! Welch eine Fülle schwarzen Haares hat es auf dem kleinen Kopf! Es wird schon fertig werden mit den Buben!«

Während die Hebamme den Säugling badete und wickelte, fragte sie eifrig, zur Mutter gewendet:

»Wie wollen S' denn das Kleine heißen? Einen Namen muß es ja haben, auch wenn ihr Mennoniten keine Kindertaufe kennt und eure Sprößlinge wie Heiden aufwachsen laßt! 's ist bloß gut, daß ihr euch bei einem Mädchen nicht auch noch um die Wehrdienstbefreiung verkämpfen müßt!«

Mehr wagte sie nicht zu sagen, obwohl ihr, als braver Katholikin, das Völklein der Mennoniten manchmal etwas eigensinnig vorkam. Aber die Mennoniten waren halt gute Kunden, sie bekamen meist viele Kinder, mit ihnen durfte sie es nicht verderben.

»Wir wollen unserem Mädchen den Namen Elisabeth geben«, erwiderte die junge Mutter freundlich. Dann aber seufzte sie:

»Ach, manchmal hab' ich Angst, daß ich das Kinderkriegen von unserer Mutter geerbt habe. Sie hat über ein Dutzend Buben und Mädchen großzuziehen gehabt.«

»Wär' nicht so schlimm«, erwiderte die Amme. »Wenn s' alle so tüchtige Menschen werden wie Mutter und Großmutter, warum nicht?«

»Weil ich nicht so robust bin, um das alles zu schaffen«, entgegnete Mutter Anna leise.

Die Hebamme holte jetzt ihr Schreibzeug und notierte gewissenhaft:

Elisabeth Muselmann, 3. Kind des Landwirts David Muselmann und seiner Ehefrau Anna, geb. Hege. Deutschhof bei Schweinfurt, den 20. Juli 1897.

Danach erst erlaubte sie dem Vater den Zutritt zur Wochenstube. Ja, so war das früher.

David Muselmann trug seine beiden Buben auf dem Arm, den zweijährigen zarten Christian und den einjährigen, großen und stämmigen Heinrich.

»Fast hätten Mutter und Kind miteinander Geburtstag feiern können, Anna«, rief er fröhlich. »In drei Tagen begehen wir den Deinigen!« Er beugte sich zu ihr hinab und drückte ihr einen leichten, dankbaren Kuß auf die Stirn.

Er war sehr glücklich über die Geburt einer gesunden Tochter. »Ein Sommerkind! Wie gut wird es aufwachsen!«
Anna lächelte warm, aber sie schwieg. Der Tag ihrer eigenen Geburt mußte wohl sehr schwer gewesen sein, ihr Vater hatte oft davon erzählt. Damals war der Siebziger Krieg derart rasch in Gang gekommen, daß beide Eltern ganz verzweifelt gewesen waren, denn die Mennoniten lehnten schon seit Jahrhunderten aus religiösen Gründen (»Du sollst nicht töten!«) jeglichen Kampf mit der Waffe ab. Und daß der Krieg später für die Deutschen gut endete, konnte man zu jenem Zeitpunkt noch nicht wissen. –
Als Älteste von vielen Geschwistern hatte sie, die begabte Anna, der Mutter frühzeitig an die Hand zu gehen. Es war kaum Zeit gewesen für sorgloses Kinderspiel und Lernen oder Lesen. Nun war sie siebenundzwanzig Jahre alt, stand zusammen mit ihrem Gatten David einem großen landwirtschaftlichen Betrieb vor, hatte seit heute drei Kinder und fühlte sich sehr erschöpft. Aber das brauchte niemand zu merken. Sie wollte ihrem Mann das Herz keinesfalls schwer machen. Er sah angegriffen aus, die schwierige Lage der deutschen Landwirtschaft im ausgehenden 19. Jahrhundert bereitete ihm Kopfzerbrechen.
Am Abend teilte David Muselmann Annas Eltern, die im württembergischen Unterland das Hofgut Breitenau bewirtschafteten, die glückliche Geburt ihrer Enkeltochter mit. Dann holte er ein paar Rosen aus dem Garten, um die Wochenstube mit frischem Duft zu füllen. Ehe er sich selbst zur Ruhe begab, sprach er noch den gewohnten Abendsegen über der Wiege seiner kleinen Tochter, die

friedlich der ersten Erdennacht ihres Lebens entgegenschlief.

In der Tat schienen sich Mutter Annas Befürchtungen zu erfüllen. Rasch nacheinander bekam die Liesel, wie sie nun überall genannt wurde, noch zwei Schwestern und zwei Brüder.
Als aber Numero Sieben, der kleine Rudi, geboren war, wußte Anna, daß dies ihr letztes Kind sein werde. Der Gesundheitszustand ihres Mannes hatte sich erschreckend verschlechtert. Anna war erfahren genug, um zu wissen, daß mit der Tuberkulose, dieser damals überaus gefährlichen Geißel der Menschheit, nicht zu spaßen war. Obwohl Robert Koch den Tuberkelbazillus schon vor zwanzig Jahren entdeckt hatte, wußte dennoch niemand, wie man der »Schwindsucht« beikommen sollte, wenn ein gewisses Maß an Widerstandskraft aufgezehrt war. Manche Leute behandelten David bereits jetzt schon wie einen Aussätzigen. Anna wehrte sich mit aller Kraft gegen Angst und Schwäche. Aber an manchen Tagen überfiel sie die dunkle Ahnung, daß auch sie diesen Kampf gegen die tückische Krankheit auf die Dauer nicht bestehen werde.

Die Kinder wenigstens sollten verschont bleiben. Beide Eltern gaben sich große Mühe. Mit Ausnahme des etwas anfälligen Ältesten gediehen sie alle gut. Sie ahnten nichts von den Sorgen der Eltern. Der freigelegene, schöne Hof bot genug Raum zum unbeschwerten Heranwachsen. Die Geschwister Heinrich und Liesel waren manchmal etwas wild und neigten zu Zornausbrüchen. Aber dann waren sie doch auch beide wieder versöhnlich, hilfsbereit und herzensgut. Ihre älteste Tochter freilich hätte sich Mutter Anna zuweilen ein bißchen sittsamer und verantwortungsbewußter gewünscht. Als »froh und frech« wurde sie vom Lehrer nach ihrem Schuleintritt einmal charakterisiert. Anna konnte nicht ahnen, daß ihr Kind gerade diese Anlagen einmal nötig brauchen sollte.

Als Liesel im 1. Schuljahr war, feierte die Familie ein Weihnachtsfest, das sich ihr für immer einprägte.

Während sich die Weihnachtstüre öffnete, meinte das kleine Mädchen, nun dürfe es einen Blick in den Glanz des Himmels hineintun. Der einjährige Rudi, von den Schwestern geführt, jauchzte dem Christbaum entgegen. Mutter Anna spielte am Klavier, und die Kinder sangen: *Am Weihnachtsbaum die Lichter brennen.* Liesel hatte das Lied als Weihnachtsgeschenk für die Eltern in großen Kinderbuchstaben gemalt. Die zweite Strophe folgte:

Zwei Engel sind hereingetreten,
kein Auge hat sie kommen sehn.
Sie gehn zum Weihnachtsbaum und beten,
und wenden wieder sich und gehn.

Das Kind sah zum Vater hinüber, der in der Ecke saß und hüstelte. Es war auf einmal so hell um ihn geworden – waren es die Engel, die ihn gegrüßt hatten? Die Engel, die ihn in die ewige Herrlichkeit holen wollten? Liesel spürte manchmal Dinge, die andere nicht erkannten. Heftig wandte sie sich ab und begann zu schluchzen.

»Heulliese!« spotteten die Brüder. »Ausgerechnet an Weihnachten, wo alles so schön ist!«

Es war unser letztes gemeinsames Christfest mit dem geliebten Papa, schrieb Liesel später in zittriger Altersschrift unter das von ihr gemalte und noch immer vorhandene Weihnachtslied. *Ich ahnte es, ich wußte es und weinte sehr.*

Und dann kam er, jener gefürchtete klare Frühherbsttag des Jahres 1905. Großvater Christian Hege und Großmutter Lenchen waren aus Breitenau angereist, um der Tochter beizustehen. Man hatte die größeren Kinder nach draußen geschickt. Liesel stritt sich mit Heinrich um einen roten Gummiball, den der Vater von seiner letzten Reise nach Würzburg mitgebracht hatte. Beide Geschwister liebten sich sehr, aber gerade deshalb mußten sie wohl immer wieder einmal miteinander streiten.
»Dauernd meinst du, der Ball gehöre dir allein!« rief Heinrich zornig und packte die achtjährige Schwester bei ihren kräftigen schwarzen Zöpfen. »Jetzt will *ich* ihn haben.«
»Aber Kinder, wie könnt ihr euch nur jetzt streiten!« Großvater Christian war unter die Haustür getreten. Seine Stimme war stets voll bestimmender Güte, aber heute klang sie so traurig, daß beide Kinder betroffen innehielten.
Ja, dem Großvater war weh zumute. Drinnen in der Kammer lag sein erst siebenunddreißigjähriger Schwiegersohn; es ging nun vollends rasch zu Ende. Die Krankheit hatte ihn eingeholt. Ach, daß seine Älteste, seine behende und fleißige Anna, solch ein Schicksal haben mußte! Witwenschicksale waren damals bitter.
Christian war ein frommer Mann, aber jetzt war er ange-

fochten. Auch die Anna war nicht mehr gesund; er hatte die typischen roten Flecken auf ihren Wangen vorhin genau gesehen. Er hatte bereits seinen ältesten, prachtvoll veranlagten Sohn wegen dieses Leidens verloren; der Schmerz um ihn legte sich ihm wieder schwer aufs Herz.

Der knapp zweijährige Rudi schlüpfte zwischen des Großvaters Füßen hindurch; er suchte die Nähe des alten Mannes. Dieser hatte eine glückliche Art mit kleinen Kindern, und Rudis Händchen tat ihm wohl.
»Spielt etwas Ruhigeres, Kinder«, schlug er den Geschwistern vor.
»Gut, dann spielen wir eben Verstecken«, rief Liesel und verschwand hinter den Büschen des Gartens. Gewandt schlüpfte sie durch die Bäume und kletterte auf eine niedere Astgabel. Hier war ihr Stammplatz, den sie gegen die Brüder heftig verteidigt hatte. Fest drückte sie den roten Gummiball an sich. Das war noch ein Stück vom Vater. Nein, kein Mensch wußte, wie traurig sie heute war. Von allen Kindern hing sie am meisten an ihrem geliebten Papa. Und gerade deshalb mußte sie jetzt besonders ausgelassen und wild sein.
Kleine Liesel, wovor willst du dich verstecken? Vor den Schmerzen? Vor dem Schicksal? Es wird dich einholen.
Vom Haus herüber rief man nach ihr. Aber sie rührte sich nicht. Denn sie spürte die Totenstille, die sich plötzlich über den weiten Hof legte: Jetzt war es geschehen, das Furchtbare. Der Vater war nicht mehr da.

Mutter Anna nahm die nun anfallenden Aufgaben zwar tapfer und geschickt in die Hand, aber ihre Kräfte waren begrenzt.
»O wir hatten eine fromme und rechte Mutter!« sagte Liesel immer wieder von ihr. In großer, klarer Reife scheint die junge Frau ihre Kinder für den kommenden Lebenskampf vorbereitet zu haben. Wenn sie abends im Schein des Mondlichtes bei den kleinen Betten saß und die Nachtgebete sprach, legte sie ihr ganzes Gottvertrauen in die Kinderreime.
Der helle Mond und die dunkle, schlanke Gestalt der Mutter: dieses Bild ist der kleinen Liesel geblieben, obwohl sie kein religiöses Kind war. Sie war recht sprunghaft und manchmal auch ungehorsam. Lediglich im Klavierspiel zeigte sie eine gewisse Ausdauer.
Dennoch lebte die Erinnerung an ihre Kindheit stets wie ein leuchtender Stern in ihr. Diesen Glanz konnten die künftigen Jahre nie mehr ganz zerstören.

Dem Großvater Christian blieben übrigens die Nöte um die letzte Wahrheit von Annas Krankheit erspart: er starb zwei Jahre nach seinem Schwiegersohn David ganz plötzlich an einer Lungenentzündung.
Annas letzte Lebenswochen waren hart. Um ihrer geliebten Kinder willen behauptete sie sich lange zäh gegen den Tod. In ihren Fieberphantasien beschäftigte sie sich lebhaft mit jedem Einzelnen. Und eines Abends rief sie in großer Unruhe, als hätte sie eine Vision:
»Laßt die Liesel nicht ins Ausland!«
An einem milden Märztag des Jahres 1908 schließlich

legte man die Achtunddreißigjährige auf dem Schweinfurter Friedhof an die Seite ihres Mannes. Sie hinterließ sieben Kinder im Alter von fünf bis dreizehn Jahren.

Das Schweinfurter Vormundschaftsgericht bestellte einen Bäckermeister zum Vormund, der aber kein Talent für diese Aufgabe zu haben schien und das ererbte Vermögen nicht zusammenzuhalten verstand. Es war nicht mehr möglich, dem Ältesten den Hof zu erhalten.
Was sollte nun mit den sieben Kindern geschehen? Sie waren in der kurzen Zeit des Alleinseins zusammengewachsen, man durfte sie nicht trennen oder sie in verschiedenen Familien unterbringen.
So faßte die nun verwitwete Großmutter Lenchen, die neunzehn Kinder geboren und bereits zwei Söhnen und drei Töchtern die Augen wieder zugedrückt hatte, den Entschluß, alle sieben zu sich nach Breitenau zu holen. (Heute bekannt durch den viel besuchten Breitenauer See.) Der Sohn Hans, Annas Bruder, hatte dort die Aufgaben des so unvermutet verstorbenen Vaters übernommen.
Der zwölfjährigen Liesel blieb die Eisenbahnfahrt von Schweinfurt über Würzburg nach Heilbronn in unvergeßlicher Erinnerung. Die Marienburg über dem Main erschien ihr wie ein Märchenschloß. Da Kinder wenig zum Reflektieren neigen, war die Neugier auf das Kommende in ihr stärker als das Heimweh nach dem Zurückgelassenen. Es wachte erst viel später wieder auf.

Das württembergische Unterland ist lieblich; Rebenhänge und herrliche Obstbäume grüßten die Kinder bei ihrer Ankunft auf Breitenau. Der junge Onkel Hans Hege, Annas Bruder, war noch ohne Familie, seine ihm nachfolgenden jüngeren Brüder in der Ausbildung oder im Studium. Die Generationen berührten einander fast, der jüngste Onkel war nur fünf Jahre älter als Liesel. Besonders schwärmte sie für den um sieben Jahre älteren blonden und hochgewachsenen Onkel Fritz, der dies aber nie erfuhr.

Da Mutter Anna ihre Kinder zur Selbständigkeit erzogen hatte, fanden sie sich in dem von Leben erfüllten, gemütlichen, großelterlichen Haus alle bald zurecht. Der Breitenauer Hof, umkränzt von den Löwensteiner Bergen, frei und allein auf einer Anhöhe gelegen, wurde ihnen zu einem neuen Stück Heimat.

»Laßt die Liesel nicht ins Ausland!«

Nicht die Vollkommenen, sondern die Unvollkommenen brauchen unsere Liebe.

Oscar Wilde

»Das Wichtigste ist jetzt, daß Liesel gut nähen lernt«, bestimmte die Großmutter nach der abgeschlossenen Schulzeit ihrer Enkelin. »Wer weiß, ob sie sich immer eine Schneiderin leisten kann!« Kleider von der Stange gab es damals noch nicht.
Liesel wurde also in eine gute Heilbronner Nähschule geschickt. Auf einem Foto aus dieser Zeit sieht sie zwischen den Mitschülerinnen zwar hübsch, aber neben aller unbeschwerten Fröhlichkeit etwas keck aus.
»So war sie auch«, erzählte mir eine ihrer früheren Klassenkameradinnen. »Zuerst hat sie uns an unseren Zöpfen und Haargestecken gezogen, die damals groß in Mode waren. Sie wollte prüfen, ob alles echt sei, denn nicht jede konnte mit so herrlichem Haar aufwarten wie Elisabeth Muselmann.«
Auch die Großmutter hatte Mühe mit der lebhaften Enkeltochter. Die Aufgaben waren für die alternde Frau nicht geringer geworden, zumal die eigenen Töchter inzwischen verheiratet und aus dem Haus waren. Was für gewissenhafte Mädchen sie gewesen waren, entdeckte die Großmutter erst nachträglich im Blick auf die sorglose, leichtlebige Liesel, die viel lieber mit den jungen Onkels

im Garten herumtollte, als in der Nähstube zu sitzen, wo man sie so dringend gebraucht hätte.
»Sie gehört in jüngere und stärkere Hände«, sagte die Großmutter manchmal, »dann könnte etwas Brauchbares aus ihr werden!«
Der Sommer brachte jedes Jahr buntes Leben nach Breitenau. Abwechselnd rückten die vielen jungen Tanten, Mutter Annas Schwestern, mit ihren Kindern an; aus der Missionsschule in Basel kamen mennonitische Studenten aus vielen Ländern, vornehmlich aus Kanada und aus der Ukraine. Sie wurden über die Semesterferien auf dem Hof »durchgefüttert«, während sie bei der Ernte mithalfen.
Ein solcher Sommerstudent war einst auch der lebensfrohe Benjamin Unruh gewesen, der die kluge, feine Tante Frida (Annas Schwester) auf Breitenau kennengelernt und geheiratet hatte. Zusammen zogen sie in seine ukrainische Heimat, wo Benjamin theologischer Lehrer in Halbstadt bei Charkow war.

Im Jahr 1911 weilte die junge Familie Unruh für längere Zeit zu Besuch. Tante Frida erwartete ihr viertes Kind, es sollte im November zur Welt kommen.
Liesel fühlte sich zu der stillen, gewissenhaften Tante, die sie an ihre verstorbene Mutter erinnerte, besonders hingezogen.
Wer war wohl der erste, welcher nach der Geburt des kleinen Heini das Gespräch auf Liesels Mitreise nach Rußland brachte? War es die Großmutter, die mit der Fünfzehnjährigen nicht mehr recht fertig wurde?

Tante Frida, die innerhalb von vier Jahren vier Kinder bekommen hatte, brauchte dringend jemanden, der ihr half. Onkel Benjamin war sehr angetan von dem Gedanken, daß seine Frau auf diese Weise Unterstützung erhalten könnte. Liesel war begabt und körperlich kräftig, sie konnte zupacken. Nur der politisch wache Onkel Hans hatte Bedenken.

»Ich bin mir nicht sicher, ob es in eurem revolutionär angehauchten Rußland so friedlich zugeht, wie du das schilderst, Benjamin«, meinte er. »Vor einigen Jahren gingen schreckliche Zahlen um vom ›blutigen Sonntag‹ (1905), und viele Russen sind zu uns nach Württemberg emigriert. Der schwache Zar, der verlorene Krieg mit Japan, die ständigen Unruhen auf der Krim, die ja gar nicht so weit weg ist von euch...«

Onkel Benjamin lächelte nachsichtig.

»Du darfst dir Rußland nicht wie das Deutsche Reich vorstellen, Hans. Es ist das größte Land der Erde, ja, ein ganzer Erdteil mit bunten Völkerschaften und vielen Sprachen. Wenn es mal im Norden knallt, merkt man davon im Süden noch lange nichts. Immerhin hat unser Zar eine deutsche Prinzessin zur Frau. Und die Zarentöchter Katharina und Olga, eure württembergischen Königinnen, habt ihr doch alle geliebt und verehrt. Mag der jetzige Zar schwach sein, uns Mennoniten ist er jedenfalls gewogen; ungehinderte Religionsausübung und Befreiung vom Wehrdienst sind uns staatlich garantiert. ›Der Himmel ist hoch und der Zar ist weit‹, heißt es bei uns. Rußland – ach, was wißt ihr in eurem von so vielen Nationen umstellten und eingezwängten Deutschen Reich von Rußland!«

In Gedanken an seine Heimat geriet Onkel Benjamin ins Schwärmen.
»Ihr könnt euch die herrlichen Güter und die wie ein Meer wogenden Getreidefelder gar nicht vorstellen! Und darüber ein wunderbar blauer, unendlicher Himmel – es wird Liesel bei uns gefallen.«
Die anderen schwiegen. Schwebte unhörbar Mutter Annas beschwörendes Abschiedswort durch den Raum: »Laßt die Liesel nicht ins Ausland!«?
Als hätte der Onkel die heimlichen Schwingungen aufgenommen, fuhr er fort:
»Nein, ihr dürft euch die Ukraine, in der so viele Deutsche leben, nicht als Ausland vorstellen. Auch denke ich nicht, daß Liesel länger als ein oder zwei Jahre bei uns bleibt. Bis dahin sind wir mit den Kindern aus dem Gröbsten. Inzwischen kann sie Russisch lernen und auch weiter deutsche Schulen besuchen, wenn sie will. Die andersartigen Verhältnisse werden ihren Gesichtskreis erweitern.«
Man unterbreitete dem jungen Mädchen die Reisepläne. Liesel war begeistert.

Ich bin froh, von Breitenau wegzukommen, dachte sie in leichtem Trotz. Es ist zwar schön hier und auch gut zu leben. Aber jeder erzieht an mir herum! Ich bin nun einmal nicht so fügsam, wie es sich in solch schrecklich frommer Familie gehört. Ich will nicht immer tun, was die anderen wollen. Ich bin jetzt fünfzehn Jahre alt und kein Kind mehr. Onkel Benjamin ist gewiß nicht streng mit mir, und die sanfte Tante Frida habe ich jetzt schon in mein Herz geschlossen. Die Arbeit mit den kleinen Kin-

dern, das ist freilich viel. Aber ohne Arbeit geht es nirgends auf der Welt, das habe ich längst begriffen.
Sind es die äußeren Umstände oder die Anlagen, welche das Schicksal eines Menschen bestimmen? Wäre Liesel der Großmutter ordentlich zur Hand gegangen und ihr unentbehrlich gewesen, so hätte diese das Mädchen, auch um der jüngeren Geschwister willen, gewiß nicht hergegeben. Oder sind wir hineingenommen in viel größere Zusammenhänge, ist alles schon von Anfang an gefügt und vorherbestimmt, wie Mutter Annas banger Ausruf es andeutete?

Im Frühjahr 1912 brach die Familie Unruh mit vier kleinen Kindern und der jungen Liesel in die Ukraine auf. Es wurde kein leichter Abschied. Auch Tante Frida war bewegt, obwohl sie, ihrem Wesen gemäß, nicht viel äußerte. Liesel wurde es einen Augenblick lang seltsam zumute, als sie die Geschwister umarmte. Die Kutsche brachte alle miteinander zum Bahnhof. Ein letztes Grüßen und Winken – und Breitenau entschwand den Blicken.
Am Bahnhof Willsbach stand noch Onkel Hans' Braut, Tante Julie, sie hatte ein Abschiedspäckchen gerichtet. Lange, lange beugte sich Liesel zum Zugfenster hinaus, bis nichts mehr von den vertrauten Gesichtern zu sehen war.
Die Abreisenden haben es in der Regel leichter als die Zurückgebliebenen, denn neue Eindrücke kommen auf sie zu und lassen die Schmerzen der Trennung bald verblassen. Es gab viel Neues und Erlebenswertes, von dem Liesel bald ganz gefangengenommen wurde.

»Es ist ein wunderbares Land«

Mit Verstand ist Rußland nicht zu begreifen, mit üblichem Maß nicht zu messen. An Rußland kann man nur glauben.

Fjodor Tjuttschew, 19. Jahrhundert

Das Zarenreich – welch ein Land! Liesel kannte die mächtigen, ihr beinahe unheimlichen großen Namen Dostojewski, Tolstoi oder Tschaikowsky. Sie hatte sich ein eher düsteres, furchterregendes Land vorgestellt, aber nun öffnete sich ihr eine unabsehbare helle Weite. Begierig sah sie nach den fremden Aufschriften auf den Bahnhöfen.

Man erreichte den Dnjepr – was für ein majestätischer Fluß, wie ein See so breit! Gerührt dachte sie an ihre Heimatflüßchen, den Main und den Neckar. Die herrliche, türmereiche Stadt Kiew im Gold der Abendsonne beeindruckte sie tief.

»Man nennt Kiew die Mutter der russischen Städte«, erklärte ihr der Onkel. »Von hier aus hat durch den Großfürsten Wladimir (988) das orthodoxe Christentum seinen Ausgang genommen. Die Christen wurden im Dnjepr getauft.« Liesel durfte auch die wundervolle Sophienkathedrale besichtigen; ganze Ikonenwände gab es da zu bestaunen! Welche Fülle prächtiger Fresken, Mosaiken, Marmor- und Alabastersäulen! »Vielleicht wirst du in deinem Leben nie wieder eine solch wunderbare Kirche sehen«, sagte Tante Frida. »Unsere Mennonitenkirchen sind bewußt schlicht!«

Und tiefer ging es hinein in das riesige Rußland. Unendliche Wälder, Ebenen und Viehweiden grüßten zu den Eisenbahnfenstern herein.
Endlich erreichte man Charkow. Dahinter begannen bald die deutschen Siedlungen, man erkannte sie an den schmucken Häusern und Gärten. An der Molotschna, einem schmalen Fluß, der ins Asowsche Meer mündet, lag das Reiseziel, die große mennonitische Siedlung mit ihren Städten Halbstadt und Gnadenfeld. Sie umfaßte etwa ein Gebiet wie von Heidelberg bis Stuttgart.
In der ersten Nacht, nur notdürftig eingerichtet, konnte Liesel lange nicht einschlafen. Die Fremde und die ungewohnten Geräusche legten sich ihr beängstigend aufs Gemüt. Sie schlief mit einigen der Kinder zusammen, das war gut, sonst wäre sie nun doch von Heimweh überfallen worden.
Tante Frida schaute kurz herein.
»Bist du noch wach, Kind? Ja, es ist jetzt viel Neues für dich. Aber es wird sich finden.«
Hinter Liesels geschlossenen Lidern zogen die vielen Bilder vorüber: Flüsse, Städte, Wälder und Wiesen. Sie kam sich in dem riesigen Land unendlich klein vor. Endlich schlief sie ein. Die Nacht breitete sich über Osteuropa aus. Im stillen Frieden lag die alte, schöne Stadt Kiew, und, nicht weit davon, das unbedeutende Landstädtchen Tschernobyl.

Zunächst begegnete der kleinen Ausländerin mehr Deutsches als Russisches. Ab und zu freilich sah sie einen der frommen Starezen, die als arme Mönche betend durchs

Land zogen und gerne bei den Mennoniten nächtigten. Auch Zigeuner gab es nicht wenige.

»Sie sind gut«, wurde Liesel von einer alteingesessenen Nachbarin aufgeklärt. »Nur sonntags um die Kirchzeit, wenn alles aus dem Haus ist, muß man sich vorsehen, sonst findet man nachher manches nicht mehr.«

An ein systematisches Erlernen der russischen Sprache, wie es eigentlich geplant war, konnte zunächst nicht gedacht werden: die lebhaften kleinen Kinder beanspruchten Liesels ganze Zeit und Kraft.

Die Landwirtstochter bewunderte die schönen Höfe mit ihren gemauerten Rundbogentoren am Eingang, ihren Blumen und Tieren. Es regnete viel weniger als in Deutschland, doch die mennonitischen Bauern hatten im Lauf der Jahrhunderte mit dem Klima umgehen gelernt und hatten das Donezbecken in ein blühendes Paradies verwandelt. Mit der russischen Bevölkerung, die sich oft zu Feld- und Stallarbeiten einfand, kamen die Deutschen gut zurecht.

»Nun sag mir bloß, Onkel, wie sind denn die vielen Deutschen eigentlich nach Rußland gekommen?« fragte die Nichte eines Abends.

»Was die Mennoniten betrifft, so will ich dir das gerne erzählen«, erwiderte er. »Ich finde, es ist eine wundersame Geschichte. Du weißt ja, daß die alte, in manchen Teilen vorreformatorische Glaubensgemeinschaft der Mennoniten, aus der Schweiz stammend, keinen Eid und keinen Wehrdienst leistet. Darum wollte kein Land die Mennoniten aufnehmen, auch wenn sie anerkannt gute Landwirte waren. Denn in Westeuropa mit seiner Klein-

staaterei gab es ununterbrochen Kriegshändel, und dafür brauchte man ständig Soldaten. «
Liesel nickte. Sie wußte bereits allerlei aus der tragischen Verfolgungsgeschichte ihrer Vorfahren.
»Als Friedrich der Große den Siebenjährigen Krieg gewonnen hatte«, fuhr der Onkel fort, »übernahm er auch die bereits dort angesiedelten Bauern in der Weichselniederung. Im Grunde paßte es ihm natürlich gar nicht, daß sie keinen Wehrdienst ableisten wollten. Aber er hatte garantiert, daß in seinem Land ›Jeder nach seiner Façon selig werden dürfe‹, und so hielt er sein Versprechen, auch wenn er es sich immer wieder neu mit Geld bezahlen ließ. Einzelheiten würden jetzt zu weit führen. Im übrigen schätzte Friedrich die Mennoniten hoch. Doch schon Friedrichs Nachfolger erließ das sogenannte Mennonitenedikt im Jahr 1789. Danach mußte jeder, der einen Hof erwarb, auch wehrpflichtig werden. So gerieten die meist kinderreichen jungen Bauernfamilien in große Gewissensnot. Bald folgten äußere Not und Verarmung nach. Da kam ihnen ein seltsamer Umstand zu Hilfe.
In Rußland, auf dem Zarenthron, herrschte eine deutsche Prinzessin. Später wurde sie Katharina die Große (1762–1796) genannt, aber man hätte sie genauso gut Katharina die Grausame nennen können. Sie ließ durch einen Offiziersputsch ihren Gatten beseitigen; danach versuchte sie, als Alleinherrscherin ihre Macht zu erweitern. Dabei brauchte sie in ihrem riesigen Kontinent vor allem einen Zugang zum Meer. «
Der Onkel erhob sich und holte eine russische Landkarte. Er deutete auf St. Petersburg (heute Leningrad).

»Sieh, hier oben hatte Katharina einen Ausgang zur Ostsee, aber er war im Winter zu kalt für Schiffstransporte, außerdem weit entfernt von den Weltmeeren.
Dagegen hier unten, am Schwarzen Meer, gelang ihr die Vertreibung der Türken tatsächlich. Doch nun drohte das menschenleere Schwarzerdegebiet dort zu versteppen. Wo nahm man Menschen, vor allem gute Bauern, her?
Bei einem Bankett am Zarenhof berichtete wie zufällig einer der russischen Offiziere, der während des Siebenjährigen Krieges in der Weichselniederung stationiert gewesen war, daß er dort mennonitische Bauern getroffen hätte, die aus Sümpfen und Böden mit stauender Nässe fruchtschwere Äcker geschaffen hätten. Es seien ihrer jetzt sicher viel zu viele.
Katharina informierte sich umgehend und versprach den dortigen Mennoniten Wehr- und Steuerfreiheit und genügend Land in der Ukraine.«
»Wie – und dann sind sie einfach so auf gut Glauben von der Weichsel hierhergezogen?«
Der Onkel lachte.
»Nein, ganz so einfach war es nicht. Ich kann es dir aber nicht in aller Ausführlichkeit erzählen. Natürlich wollte eine Abordnung der Mennoniten zuerst das Land sehen. Der für das Gebiet verantwortliche Fürst Potemkin empfing sie auf das freundlichste. Auch wenn die gewissenhaften, ernsten Bauern die Schönfärberei des großsprecherischen Fürsten bald durchschauten – du kennst ja die Redensart von den Potemkinschen Fassadendörfern – so waren sie doch sehr beeindruckt von dem guten Boden und dem fast südlich wirkenden Klima.

Dennoch ist es nicht leicht, die Heimat zu verlassen und ins Ungewisse zu ziehen. Auch machte die preußische Regierung noch genug Schwierigkeiten. Außerdem braucht man, wenn man um seines Glaubens willen Haus, Hof und Vaterland verläßt, gute geistliche Führer, und daran fehlte es dem nach Süden ziehenden Treck zunächst sehr.«
Liesel ergänzte:
»Der erste findet den Tod, der zweite hat Not, und erst der dritte findet sein Brot.«
»Die Einwanderung erstreckte sich über Jahrzehnte«, fuhr der Onkel fort. »Den späteren Einwanderern, die bald herausgefunden hatten, daß es hier noch zu bebauendes Land gab, ging es nicht mehr ganz so gut wie den ersten: sie mußten Steuern zahlen. Es folgten bald viele Deutsche nach: Protestanten und Katholiken. So sind wir inzwischen, zusammen mit den Deutschen an der Wolga und in Kasachstan, mehrere Millionen geworden. Wir haben gute Schulen und sind längst gern gesehene russische Staatsbürger. Der Zar ist froh, daß er uns hat, und er wird seine Hand weiterhin schützend über uns halten.«
Der Onkel Benjamin hatte seiner Zeit recht gehabt: Liesel fühlte sich sehr wohl.

Wie der Fisch im Wasser, schrieb sie ihrer Großmutter nach Hause. *Es ist viel schöner als in Breitenau. Tante Frida sagte neulich zu mir: »Liesel, es ist gut, daß du in die Welt hinausgekommen bist.« Ja, so denke ich auch. Wer weiß, ob ich in Breitenau all das gelernt hätte, was ich hier schon erfahren habe.*

Zu jener Zeit herrschte bei den Gemeinden in und um Halbstadt ein reges geistliches Leben. Eine Gestalt von besonders klarer und gesammelter Ausstrahlung war der Gemeindeälteste, Bruder Wiens. Er war auch im Hause Unruh ein gern gesehener Gast, und bald stellte sich die Frage nach Liesels Taufunterricht, der in Halbstadt leichter zu absolvieren sein würde als anderswo. Liesel schien wenig Lust dazu gehabt zu haben, und Bruder Wiens war nicht der Mensch, der sie hätte überreden wollen.
»Aufgezwungenes Christsein taugt nichts«, sagte er. »Das muß aus freien Stücken kommen!«
So unterblieb damals der Unterricht, ein Versäumnis, das Liesel erst im Alter nachholte. Aus ihren hinterlassenen Aufzeichnungen sieht man, wie sie sich mit siebzig Jahren noch die zehn Gebote und das Glaubensbekenntnis einzuprägen versuchte.
Es ist aus dieser Zeit ein Brief von ihr erhalten, der einen guten Einblick in das Leben der Sechzehnjährigen gibt.

Halbstadt, den 12. Mai 1913

Mein lieber, guter Bruder Heinrich!
Bis Du diesen Brief bekommst, wird Dein Geburtstag wohl schon wieder in der Vergangenheit schweben. Entschuldige die vielen Unterbrechungen, aber mit den Kindern ist immer etwas los.
Lieber Bruder, Du hast etwas, das auch in mir steckt: den Ungehorsam und den Zorn. Kämpfe dagegen wie um eine Goldmedaille.
In unserem Haus hier wird Ungehorsam und Widerspruch nicht geduldet, es läuft alles so ruhig und geordnet wie frisches Wasser.

Draußen läuten die Kirchenglocken, es ist Sonntag, ich hüte die Kinder.
Bei uns ist alles gesund, was wir auch von Euch hoffen. Wie mag es der lieben Großmama gehen? Liebe teure Geschwister, seid gehorsam. Ich weiß gut, wie widerspenstig ich gegen meine Vorgesetzten war. Das bereue ich jetzt sehr.
Es kommt mir hier alles anders vor, die Natur, das Leben um mich herum, einfach alles. Wenn ich einmal mit den Kindern über Felder und Wiesen gehe, so ist es, als sei alles aufgeblüht. Vögel, Blumen, Gräser, alles jauchzt und blüht. Es ist ein wunderbares Land.
Ihr könnt Euch nicht vorstellen, wie schön die Vögel hier singen. In unserem Garten ist eine Nachtigall. Etwa 10 Minuten von unserem Haus entfernt haben wir einen Busch, so nennt man hier die kleinen Wälder, weil Bäume und Sträucher wie ein richtiges Dickicht sind. Aber zwischen dem Dickicht gibt es freie, große, sonnige Rasenplätze, da gehen meine Freundin und ich – denn ich habe hier seit neuem eine sehr feine Freundin in meinem Alter gefunden – in die Sonne und freuen uns.
Ach, alle Augenblicke muß ich die Feder hinters Ohr stecken, Kinder waschen, ausziehen, abputzen ...
Meine Sommerkleider müssen wir jetzt alle weiter machen. Aber Hungern wegen dem Abnehmen – das ist so eine Sache!
Ich werde jetzt schließen, obwohl es mir eine Kleinigkeit wäre, noch hundert Seiten vollzukritzeln, aber die Kinder kommen mir zu oft dazwischen.
Grüßet bitte alle Onkels und Tanten, die Geschwister besonders. Auch von hier lauter liebe Grüße! Seid tausendmal geküßt von Eurer Liesel, die viel an Euch denkt.
Schreibt bald wieder, hört ihr?

Im Frühjahr 1914, so war es inzwischen abgesprochen worden, sollte Liesel sich wieder auf die Heimreise machen.
Zwei Umstände waren es, welche die Rückfahrt hinauszögerten: zum ersten erwartete Tante Frida wieder ein Kind, das im Mai zur Welt kommen sollte, und zum anderen erhielt Liesel die Nachricht, Onkel Hans und Tante Julie seien von Breitenau weggezogen, der Hof sei von der Familie aufgegeben. So war es wohl besser, den Sommer noch in Halbstadt zu verbringen, und Liesel war es recht. Bald hielt denn auch das fünfte Geschwisterchen Einzug in der Familie Unruh, ein liebreizendes, schwarzlockiges und munteres kleines Mädchen.
»Wir könnten es ebenfalls Liesel nennen«, meinte Tante Frida, »dann haben wir weiterhin eine Liesel bei uns, wenn du im Herbst wieder nach Deutschland gehst.«
Aber vor dem Herbst kam der Sommer des Jahres 1914. Bereits wenige Wochen nach Klein-Lieselchens Geburt kam der Onkel aufgeregt nach Hause: im nahen Serbien habe es große Unruhe gegeben. Der österreichische Thronfolger sei samt seiner Frau in Sarajevo erschossen worden.
»Wenn Österreich nun Serbien angreift, kommt unser Land den Serben sicher zu Hilfe«, fuhr der Onkel fort. »Deutschland ist mit der Donaumonarchie verbündet und wird sich auf die Dauer nicht aus den Streitigkeiten heraushalten können. Dann aber haben wir Krieg. Wir müssen so schnell wie möglich deine Ausreisepapiere anfordern, Liesel. Sonst kommst du am Ende lange nicht mehr in deine Heimat zurück.«

Ein neuer Paß mußte ausgestellt werden, da Liesel bei ihrer Einreise anscheinend noch als »Kind« eingetragen worden war. Oder war der Paß verlegt? Wer war schuld? Kleine Ursachen – große Wirkung: Ehe die neuen Papiere ausgestellt waren, brach der gefürchtete Krieg aus. Am 31. Juli mobilisierten Rußland und Österreich. Eine Rückreise nach Deutschland war nicht mehr möglich.
Liesel hatte bereits ihre Koffer gepackt, sie war in den letzten Tagen reisefertig gewesen, um nach Erhalt des Passes keinen Zug mehr zu versäumen. Nun aber stand sie an jenem herrlichen, lauen Sommerabend lange vor dem Fenster, wie sie es gerne tat. Plötzlich spürte sie, wie sehr sie sich doch nach den Ihrigen gesehnt hatte, vor allem nach der Großmutter und den Geschwistern. Eine heimliche Angst kroch in ihr hoch. Was würde in einem Krieg alles geschehen? Womöglich würde sie, als deutsche Staatsangehörige, in Gefangenschaft geraten?
Draußen war es still, man merkte hier nichts von der Unruhe, die ganz Europa erfüllte. Der Duft reifender Kornfelder drang bis zu ihr herauf ans Fenster. Auf manchen Höfen hatte bereits die Ernte begonnen.

Zur gleichen Zeit, da die kleine Deutsche im weiten Rußland so betrübten Herzens am offenen Fenster stand, beobachtete im fernen London der britische Außenminister Sir Edward Grey die Lampenanzünder im St. James Park. Schmerzbewegt rief er:
»In ganz Europa gehen jetzt die Lichter aus. Wir werden es nicht mehr erleben, daß sie wieder angezündet werden.«

»Ich will dich, Elisabeth Muselmann, nicht verwaist lassen.«

Niemand kann ein Kind des Himmels sein, der nicht zuvor ein Kind der Hölle gewesen ist.

Martin Luther

Krieg! Krieg!
»Wir bekommen keine Stellungsbefehle«, sagten die mennonitischen Männer. »Das ist uns vom Zaren garantiert. So müssen doch wenigstens nicht Deutsche gegen Deutsche kämpfen!«
Wie aber sollten die russischen Mitbürger, die einrücken mußten, so etwas richtig verstehen? Auch wenn die mennonitischen Bauern den nun allein wirtschaftenden russischen Frauen beim Einbringen der Ernte mit Rat und Tat zur Seite standen, so wuchs doch das Befremden von Tag zu Tag. Bitterkeit und schließlich auch Haß breiteten sich aus. Plötzlich wurden aus Menschen, die bisher ganz gut miteinander zurechtgekommen waren, heftige Feinde.

Onkel Benjamin organisierte eine mennonitische Abordnung nach St. Petersburg, die den Männern wenigstens eine Teilnahme am Sanitätsdienst ermöglichen sollte. Die Eingabe wurde genehmigt. Auch wurde die vorbildliche Haltung der Mennoniten nach wie vor anerkannt. Aber der Zar konnte sich gegen seine Widersacher nicht durchsetzen: Am 2. Februar 1915 unterschrieb er das Landesenteignungsgesetz. Über eine Million russischer Staatsbür-

ger deutscher Abstammung sollten innerhalb kurzer Zeit ihre Grundstücke veräußern. Deutschsprachige Predigten wurden verboten. Da die Russen große Angst vor dem Einmarsch der Deutschen Armee hatten, mußte mit allen Schikanen gerechnet werden.
Doch noch ehe die angekündigten Gesetzesänderungen in Kraft traten, wurde Liesel am 20. Juli 1915, an ihrem achtzehnten Geburtstag, gefangengenommen.
Die Miliz (Polizei) ordnete an, als deutsche Staatsangehörige solle sie an den Rand von Sibirien – bei Ufa –, in ein ebenfalls mennonitisch besiedeltes Gebiet, verschickt werden.
Obwohl man mit einer eventuellen Internierung hatte rechnen müssen, war der Schrecken in der Familie Unruh doch groß, als Liesel endgültig abgeholt und an die Bahn gebracht wurde. Sie war die einzige Gefangene aus Halbstadt. Sie benahm sich sehr tapfer. Im übrigen hielt sie diese Art der Deportation für kurzfristig.
»Mit einigen Monaten Gefangenschaft wirst du schon rechnen müssen«, sagte der Onkel beim Abschied. »Aber keine Sorge! Die Deutschen sind auf der ganzen Linie siegreich. Bald werden sie die Ukraine besetzt haben, und dann darfst du wieder zu uns kommen.«

Vier Tage und vier Nächte war die junge Deutsche dann mit anderen Fremden zusammen in einem geschlossenen Güterwagen unterwegs. Zum Glück war Hochsommer. Liesel setzte sich an die Tür, die man einen Spalt weit offen gelassen hatte. Der erste Halt war in Zaryzin, das zehn Jahre später in Stalingrad umbenannt werden sollte.

Noch lange Jahre danach hörte sie nachts im Traum das Klappern der Eisenbahnräder.
Es ging dem Norden zu. Von ferne tauchte das Uralgebirge auf. Steppen, schöne Wälder, Dörfer mit breiten, staubigen Straßen und treuherzig anzuschauenden Holzhäuschen zogen langsam vorüber. Liesel hatte sich den Rand von Sibirien, an welchem man sich nun befand, nie so heiß vorgestellt gehabt.

Von Ufa aus brachte ein kleiner Panjewagen (Pferdefuhrwerk) sie ins flache Land zu einer Bauernfamilie, die so merkwürdig sprach, daß Liesel in der ersten Zeit kein Wort verstand. Es war wohl ein Gemisch von Russisch und »Plautdietsch«, einer plattdeutschen Mundart, die ihr unbekannt war.
Bei ihrer Ankunft bekam sie eine Kriegsgefangenenkarte ausgehändigt, damit sie den Ihrigen in Deutschland ihren Aufenthalt mitteilen könne. Die Karte wurde vom Bruder Heinrich aufbewahrt. Niemand ahnte, wie wichtig dies Dokument Jahrzehnte später noch werden sollte.
Dann aber begann eine harte Lebensschule für das junge, in vielem behütet aufgewachsene Mädchen. Sie empfand ihre Umgebung als eine Art Wildnis. Mit keiner Menschenseele konnte sie sich zunächst verständigen. Sofort wurde sie zu den schwersten Arbeiten herangezogen. Nein, diese Leute waren nicht von der einfühlsamen Art ihrer Tante Frida.
Heftiger Zorn und sicher auch widerspenstiges Wesen bemächtigten sich der Gefangenen.
»Da war kein Birkenstamm zu dick, um ihn nicht auf

meinem Rücken zu erproben«, erzählte sie später, »kein Schimpfwort zu grob, auch wenn ich es nicht verstand. Ständig wurde ich angeschrien, nichts konnte ich recht machen. Ab und zu kam die Miliz, um zu kontrollieren, ob ich noch da sei. Wer ein Waisenkind ist, lernt zwar bald, daß er überall nur geduldet ist und zupacken muß. Aber wie oft hat man mir das Brot verweigert!«
Ihre innere Empörung war so groß geworden, daß sie eines Tages beschloß, einfach auszureißen, um sich in der Stadt auf gut Glück ihr eigenes Brot zu verdienen. Sie konnte Deutsch, gewiß ließ man sie in einer Schule unterrichten. Sie konnte auch Klavierspielen – vielleicht durfte sie bei den musikalischen Russen in einem guten Haus Unterkunft finden und dort Stunden geben.

Die Strecke bis Ufa umfaßte zwanzig Werst*. Heimlich, frühmorgens, ging Liesel fort. Im Sommer, da die Tage im Norden merklich länger sind, konnte sie es durchaus wagen, einen solchen Weg unter ihre Füße zu nehmen. Aber sie spürte sehr bald, daß sie allzu unerfahren war. Ihre russischen Sprachkenntnisse reichten nicht aus, um sich verständlich zu machen. Überall wurde sie abgewiesen. Nach drei Tagen war sie fast am Verhungern, denn sie besaß kein Geld. Als sie schließlich um Brot betteln ging, sah sie nicht anders aus, als jede andere Bettlerin auch: staubig, zerzaust, in ungepflegter Kleidung.
Es blieb kein Ausweg: sie mußte umkehren. Erschöpft kam sie nach langem Fußmarsch wieder in ihrem Quartier an. Mit bösen Vorwürfen wurde sie empfangen.

* 1 Werst = 1,066 km

»Wie stellst du dir das eigentlich vor? Die Miliz wird uns strafen, wenn wir nicht auf unsere Gefangenen aufpassen!«
Es folgten schlimme Wochen.

Eines Tages war Liesel bis zum Abend auf dem Feld beim Hacken gewesen. Danach sollte sie noch eingeweichte Wäsche auswinden. Es ist unklar, warum das junge Mädchen der Bäuerin plötzlich entschieden auf die Nerven fiel.
»Was stehst du hier am Waschtrog, freches Ding!« wurde sie angefahren.
»Da kann ich ja wieder gehen!« schrie Liesel zurück. »Aber das ist euch ja auch nicht recht! Die Miliz könnte es merken!«
»Ach geh! Ich will dich nimmer sehen! Und mach, daß du fortkommst!«
Wie sie ging und stand, rannte Liesel vom Waschtrog ins Freie. Ohnmächtige Wut, Verzweiflung und Trotz überkamen sie mit solcher Wucht, daß sie ihrer Sinne nicht mehr mächtig war. Sie stürzte fort, in den Wald, an den Rand der Berge. Jetzt nur niemandem begegnen! Überall würde es besser sein als hier. Sie lief, so weit ihre Füße sie trugen.

»Ich bin ein Waisenkind, ich bin übrig auf der Welt«, klagte sie vor sich hin. »Wozu noch leben? Einschlafen, nie mehr aufwachen, nie mehr aufstehen – es ist das einzige, was mir noch bleibt und was ich jetzt noch will!«
Sie gelangte an eine winzige Lichtung. Hier wuchs das

Moos so dicht, daß es wie eine gepolsterte Lagerstätte wirkte. Sie legte sich hinein und zog die Füße an sich, denn es wurde bereits feucht, kalt und dunkel.
Und endlich vermochte sie das Elend ihres jungen, einsamen, ihr völlig ausweglos erscheinenden Lebens herauszuschluchzen. Bald war ihr Gesicht vom Weinen so verklebt, daß sie die Augen nicht mehr zu öffnen vermochte und vor Erschöpfung tief einschlief.
Als sie wieder zu sich kam, fühlte sie sich durch die geschlossenen Lider hindurch von einem Lichtschein berührt. Gleichzeitig war es ihr, als erfülle eine zarte Wärme ihre steifen Glieder. Aus der Tiefe ihres Wesens vernahm sie hell und deutlich die Worte: »Ich will dich, Elisabeth Muselmann, nicht verwaist lassen.« (Nach Joh. 14)
In Schrecken und Seligkeit ahnte sie den Einbruch einer größeren Wirklichkeit. Sie fühlte sich umschlossen von einer unendlich liebevollen Macht, in deren Klarheit sie zwar auch ihre eigenen Fehler deutlich erkannte, aber dennoch gütig umhüllt blieb. Waren Eltern und Geschwister um sie? War das der Tod, der die Tür zu einem neuen Leben öffnete?
So lag sie still. Sie vernahm die Geräusche um sich her, von den Tieren des Waldes, vielleicht sogar von Wölfen. Aber alle Angst war von ihr abgefallen, aller Haß, alle Bitterkeit und alle Verzweiflung. Sie war von einem stärkeren Sein angerührt worden.
Diese einsame Nacht in den Wäldern des Urals wurde zum Markstein ihres künftigen Lebens.
Schließlich gelang es ihr, die verschwollenen Augen einen Spalt weit zu öffnen. Hell schien das Mondlicht zu ihr

herab, genau in die Lichtung hinein. Es war das vertraute Himmelsgesicht, das sie an ihre Kindheit erinnerte, damals, als sie noch daheim und geborgen war.
Mit der Zeit unterschied sie in der Ferne menschliche Stimmen. Sie kamen näher, Zweige knackten. Eine Laterne wurde über sie gehalten.
»Da liegt sie«, rief der Bauer wie erlöst. Stundenlang hatten er und seine Frau nach ihr gesucht.
Der Bauer sagte nicht viel. Ungelenk zog er ein Stück Brot aus der Tasche und reichte es ihr hinab. Dann half er ihr wieder auf die Beine.
»Was hätten wir nur der Polizei sagen sollen?« flüsterte die Bäuerin aufgeregt. Aber der Ton ihrer Stimme war nicht ungütig. Sie fühlte sich schuldig und ahnte inzwischen etwas von der Verzweiflung ihrer jungen Kriegsgefangenen.
Auch Liesel selbst hatte ein Stück weit Verwandlung erfahren. Geduldig ließ sie sich zurückbringen in ihr Quartier. Am anderen Tag ging sie still, ergeben und sehr sorgfältig ihrer Arbeit nach, in dem neu erfahrenen Vertrauen, daß sie trotz allem Einsamsein im Tiefsten nicht verlassen war. Vielleicht wächst die innere Freiheit, wenn die äußere verlorengegangen ist.
Die entscheidende menschliche Hilfe sollte ebenfalls nicht lange auf sich warten lassen. Sie kam aber von einer ganz anderen Seite, als Liesel sie erwartet hätte.

Eines Vormittags hielt ein kleiner Panjewagen am Gartenzaun. Die Bäuerin, die mit Liesel in der Sommerküche arbeitete, blickte neugierig aus der Tür. Ein großgewach-

sener älterer Mann schritt bedächtig dem Haus zu. Er hatte etwas Würdevolles an sich.
»Das ist Jakob Thiessen«, erklärte die Frau. »Er ist ein begehrter Mann hier in der Gegend. Irgendwie leben wir doch alle von ihm. Selbst die Tataren sind ihm gut. Er stammt auch aus der Ukraine und hat hier vor längerer Zeit das Erbe eines kinderlosen Onkels angenommen. Es ist keiner unter uns, dem er nicht schon mit einem Zugtier, einem Werkzeug oder einem Rat gefällig war. Jetzt, im Krieg, ist er so eine Art Gemeindevorstand. Ein rechtschaffener, charakterstarker Mann. Was mag er von uns wollen?«
Die Bäuerin trocknete sich die Hände an der Schürze und ging dem Besucher respektvoll entgegen. Jakob Thiessen bat, Elisabeth Muselmann sprechen zu dürfen.
Er nahm das junge Mädchen beiseite.
»Die Kriegsgefangenen sollen alle abtransportiert werden«, sagte er eindringlich. »Sie sollen mit Russen, die in deutsche Kriegsgefangenschaft geraten sind, getauscht werden. Auch Ihr Name steht auf der Liste, Fräulein Muselmann. Sie werden in den nächsten Tagen aufgerufen.«
Dann trat er nahe an sie heran.
»Ich kann Ihnen nur raten, fahren Sie nicht! Noch keiner, den ich hier wegreisen sah, ist drüben in Deutschland angekommen. Mehr möchte ich dazu nicht sagen. Aber ich lasse Sie nicht fort.«
Die Augen des väterlich gütigen Mannes waren so ernst auf Liesel gerichtet, daß sie betroffen zu Boden blickte, um ihren inneren Aufruhr zu verbergen. Bei der Vorstellung, von hier wegzukommen und bald Heimat, Groß-

mutter, Verwandte und Geschwister wiederzusehen, war ihr eine Sekunde lang vor Freude schwindlig geworden. Jakob Thiessen ging ihr voran und lud sie ein, sich neben ihn auf ein paar aufgeschichtete Birkenstämme zu setzen. »Ich ahne sehr wohl, wie Ihnen zumute sein mag«, fuhr er teilnehmend fort. »Sie sind mir im übrigen nicht fremd. Ich bin ein Verwandter Ihres Onkels Benjamin, und er hat mir von Ihrem Aufenthalt hier geschrieben. Auch ich bin in der Ukraine, in Schönau, aufgewachsen, ich kenne Halbstadt sehr gut. Ich habe dort meine Schulzeit erlebt. Mein letzter Lehrer war Cornelius Unruh, ein Onkel von Benjamin. Hätte ich meine ganze Schulzeit über solche Lehrer gehabt, wäre ich zehnmal weitergekommen.« Er machte eine Pause. Dann fuhr er fort: »Ich erzähle Ihnen das, damit Sie Vertrauen zu mir fassen. Sie können jetzt nicht zurück in die Ukraine, das wissen Sie. Aber auch nach Deutschland können Sie nicht, solange der Krieg währt. Ich will Ihnen einen anderen Vorschlag machen. Ich möchte Sie an Kindesstatt aufnehmen. Dies war mein erster Gedanke, als ich von Ihrem Hiersein erfuhr. Haben Sie keine Angst, ich mache das schon! Dann sind Sie nämlich nicht mehr so gefährdet, wie Sie es als Reichsdeutsche jetzt noch sind.
Ich habe selbst vier Töchter und ich weiß im voraus, daß sie Ihnen gute Schwestern sein werden. Wenn es Ihnen recht ist, holen wir Sie nächste Woche zu uns herüber. Sie sehen ja bereits von hier aus die äußeren Felder unseres Chutors.« (Hofgutes) Er deutete nach Osten.
Verwirrt und ungläubig über eine solche Wendung ihres Geschickes begleitete Liesel mit unsicheren Schritten

Herrn Thiessen noch zu seinem Wagen mit dem ungeduldig scharrenden Pferdchen. Er band es los, nahm die Zügel in die Hand und fuhr herzlich grüßend davon.
Würde dieser liebenswerte Mann wirklich wiederkommen und sie zu sich holen? Sie schlug sich an die Stirn und rieb sich die Augen, um zu wissen, daß sie nicht träumte. Wie wunderbar war das Leben! Warum nur hatte sie vor kurzem noch sterben wollen?

Eine Woche später wurde Liesel auf das Gut der Familie Thiessen geholt. Die letzten Tage bei den Bauersleuten waren friedlich verlaufen. Die Bäuerin kam aus dem Staunen nicht heraus, daß ihre Gefangene ein »Fräulein« werden sollte, sonntags mit einem geschniegelten Pferd über die Steppe reiten würde und mit Thiessens Töchtern Klavier und Balalaika spielen durfte.

Oktoberrevolution

> Das Gebot der Liebe heißt im letzten Grunde: Es gibt für dich keine Fremden, sondern nur Menschen, deren Wohl und Wehe dir angelegen sein muß.
>
> *Albert Schweitzer*

Als Liesel, zaghaft und neugierig zugleich, unter dem hohen Rundbogentor des Thiessenschen Chutors (Hofgutes) hindurchging, kam sie sich fast vor wie in der Ukraine. So ähnlich sahen dort auch die großen Höfe aus. Die Menschen waren wohlhabend, aber schlicht in der Lebensführung.
Wie mag Liesel von Mutter Thiessen empfangen worden sein? Sie berichtet kaum von ihr. Offenbar gestaltete sich das Verhältnis zu der schönen, sich distanziert gebenden Frau nicht besonders herzlich. Auch mochte die von allen Kindern noch geübte konventionelle Anrede des »Siesagens« zu den Eltern etwas kühl wirken. Desto hilfreicher wurde die Beziehung zu den Töchtern. Jakob Thiessen hatte recht gehabt: Liesel erhielt wundervolle Schwestern.
In einem aus dieser Zeit erhaltenen Brief berichtet sie selbst:

Kanjatschapkansk, 13. Oktober 1916

An alle, alle Lieben!

In meiner letzten Kriegsgefangenenkarte habe ich diesen Brief angekündigt. Ob er ankommen wird? Auch bei Euch ist Krieg. Der Name meiner Adresse klingt Euch seltsam, nicht? Es ist eine große Ökonomie, auf der ich mich befinde. So große Güter kann man sich bei uns nur schlecht vorstellen. Es sind etwa 2000 Deßjatinen Land und 150 Pferde, auch sonstiges Vieh, und Schafherden.

Wenn unser Gut auch nicht gerade mitten in Sibirien liegt, so doch hart dabei. Die wunderbare Bergkette des Uralgebirges schaut täglich zu mir herab. Im Sommer ist sie von blauem Dunst umschwebt. Jetzt haben die obersten Spitzen bereits leichten Schnee. Die Natur ist hier wirklich herrlich. Jetzt, im Herbst, sind die vielen Birken in ihren goldenen Farben besonders schön.

Das große Gut gehört einer Familie Thiessen. Es sind auch Mennoniten, und sie haben mich bei sich aufgenommen wie ein eigenes Kind. Es sind herzensgute Menschen. Sie erweisen mir unendlich viel Liebe.

Von den sieben Kindern (drei Söhne und vier Töchter) ist zur Zeit nur eine Tochter zuhause. Die drei Söhne zogen das Los für den Kriegsdienst (Deutsche gegen Deutsche, ach, es ist schrecklich!). Hier kann man ihn nicht verweigern, ohne sofort zwangsverschickt zu werden. Die Töchter sind noch auswärts zum Besuch der Schulen, sie bekommen eine gute Ausbildung. Sie heißen Katja, Selma, Greta und Elsa.

Katja und ich spielen zusammen Klavier, Gitarre und Balaleika. Wir häkeln, stricken und flicken, was Mädchen eben so tun. Aber wir müssen uns nicht überarbeiten.

Ich bin sehr zufrieden mit meinem Geschick als Kriegsgefangene, wie es sich nun entwickelt hat. Ihr müßt Euch keinerlei Sorge um mich machen. Denn wahrscheinlich hört auch Ihr allerlei Greuelmärchen vom Krieg, wie bei uns, bloß umgekehrt im Freund-Feinddenken. Neulich sagte mir eine Babuschka (so heißen hier die älteren, russischen Frauen), sie habe geglaubt, die Deutschen hätten alle schwarzes Blut.
Ich habe zu essen und zu trinken und abends ein warmes Bett. Unsere Soldaten hier im Land wären selig, wenn sie so etwas hätten. Arbeiten tu ich, was grade so dran kommt, und ich tue es gerne für die gute Familie Thiessen. Sonnstags reiten Katja und ich aus, bis in die Steppe hinein, das ist wunderschön. Mit Pferden muß man hier umgehen lernen, denn die Entfernungen sind zu weit, als daß man sie zu Fuß meistern könnte, und für Fahrzeuge sind oft die Wege zu schlecht, je nach Witterung.
Onkel Benjamin und Tante Frida sind wohlauf, wie ich hörte. Die kleine, süße Olga, die inzwischen geboren ist, habe ich nun natürlich noch nicht sehen können. Wer weiß, wann ich mal wieder zurückkomme in die Ukraine, wenn der Krieg so gar kein Ende nehmen will! Jetzt sind es sechs Kinder – und ich kann nicht hinfahren und helfen! Onkel und Tante schicken mir auch immer mal wieder Geld, so daß ich gut leben kann.
Bitte, liebe Großmama, sende mir ein Foto von Dir. Vielleicht kommt es bei mir an. Ach, so gerne möchte ich Euch alle wieder einmal sehen! Nun sind es schon vier Jahre, seit ich die Geschwister nicht mehr sah. Geht es, daß Ihr mir auch ein Bild von den Geschwistern schickt? Bitte schreibt! Schreibt viel!

Von Herzen küßt Euch Eure Liesel

Bald nach dem Absenden dieses Briefes hielt der sibirische Winter, den Liesel noch nicht kannte, seinen Einzug. Er war 1916 besonders streng. Im ganzen Land brach durch anhaltende Schneefälle das Transportsystem zusammen. Die spärlichen Nachrichten, die Jakob Thiessen von St. Petersburg und von der Ukraine erhielt, brachten keine guten Meldungen. In den russischen Städten begann die erste Hungerwelle.

Vater Thiessen, das gütige Familienoberhaupt, machte sich keine Illusionen. Mit der Ermordung des rätselhaften, am Zarenhof aber sehr einflußreichen Mönches Grigori Jeminowitsch Rasputin (Ende 1916), schien dem aufmerksam beobachtenden, politisch wachen Mann ein Fanal gesetzt worden zu sein. Gewiß, revolutionäre Unruhen hatte es in dem Riesenland schon hin und wieder gegeben, und das wahrhaftig nicht immer zu Unrecht. Und es war gut, daß Rasputins Einfluß verschwunden war. Aber leitete seine Ermordung ein neues Zeitalter der Grausamkeit ein? Was braute sich da zusammen?

Hunger, Krieg und Kälte – das waren keine guten Vorboten für das kommende Frühjahr.

Jetzt bin ich schon fast zwei Jahre hier in der sibirischen Fremde, im Norden, schrieb Liesel im Februar 1917 auf der einzigen erlaubten Kriegsgefangenenkarte. *Es geht mir gottlob erfreulich. Sicher kann man das nicht von allen Leuten hier sagen. Seit einigen Tagen hat nun endlich die große Kälte nachgelassen. Meist hatten wir anhaltend minus 27 Grad Celcius. Es war ein Schnee und Schnee ohne Ende. Ihr könnt Euch so etwas nicht vorstellen, mir war das ja auch neu, daß das möglich ist. Dann kommen die Wölfe aus der Steppe in unsere Nähe, man hört sie jede Nacht heulen. Sie sind an sich scheue Tiere. Aber der Hunger treibt sie in Menschennähe. Bei uns kommen sie nicht bis an die Häuser, hier ist es noch relativ dicht besiedelt...*

Während diese Postkarte ihren Weg bis nach Deutschland suchte, schritt in der Schweiz ein kahlköpfiger russischer Emigrant namens Wladimir Iljitsch Uljanow in seiner einfachen Züricher Wohnung verzweifelt auf und ab. Er entstammte einer guten Familie, seine Mutter war Wolgadeutsche. Er war ein gebildeter, todesmutiger Mann, der unter dem Druck des zaristischen Regimes, wegen seiner revolutionären Ideen aus Rußland hatte emigrieren müssen. Später nannte er sich Lenin.
Wie ein gefangener Löwe in seinem Käfig fühlte sich der Emigrant; er verfolgte alle Nachrichten aus Petersburg. Nun kamen dort Ereignisse in Gang, bei denen seine Anwesenheit entscheidend wichtig gewesen wäre – und er sollte sie nicht steuern dürfen?
Zuerst brach die sogenannte Märzrevolution aus. Der Zar hatte abzudanken. Er wurde am 16. Juli 1918 mit seiner ganzen Familie ermordet.

Für Jakob Thiessen kamen die Ereignisse nicht überraschend; zunächst war man auch gar nicht erschrocken darüber. Die vornehmlich in der Ukraine geplanten Enteignungen für alle Deutschstämmigen konnten damit nicht mehr durchgeführt werden. Man spürte, daß ein Umsturz kommen mußte: das mit viel Blutschuld beladene Zarengeschlecht der Romanows, das jahrhunderte-

lang die Geschichte Rußlands bestimmt hatte, konnte endlich entmachtet werden.
In der Ukraine ging man sogar geradezu begeistert an eine Neuordnung der Verhältnisse. Der jetzt leitende Staatsmann, Justizminister Alexander Kerenski, empfing wohlwollend eine Abordnung der Mennoniten in Petersburg und versprach ihnen Sitz und Stimme in der neuen russischen Nationalversammlung. Onkel Benjamin wurde zum Vorsitzenden des neu gebildeten ukrainischen Kongresses gewählt.
Es war fast, als sei der Tag der Freiheit und des Friedens so nahe wie noch nie und ein neues, besseres Zeitalter für das größte der europäischen Reiche schon angebrochen.
Zuversichtlich ging man auf dem Thiessenschen Hofe an die Aussaat der Sommerfrüchte. Währenddessen aber fuhr (im April 1917) Lenin mit Genehmigung der Deutschen Reichsregierung im plombierten Eisenbahnwagen durch ganz Deutschland bis Petrograd, wie St. Petersburg jetzt allgemein genannt wurde. Die Oberste Heeresleitung hoffte, durch eine in Gang kommende Revolution den östlichen Kriegsschauplatz stillegen zu können. So würde man wenigstens mit den Russen zu einem Waffenstillstand kommen. Ja, es war alles recht schlau ausgedacht und eingefädelt worden! Winston Churchill schrieb später darüber:
Wie ein Pestbazillus wurde Lenin nach Rußland eingeschleust.

Zur gleichen Zeit, da Lenin nach Rußland fuhr, erklärten die USA dem Deutschen Reich den Krieg. Nun wurde es vollends hoffnungslos für die Deutschen. Aber auch die

USA sollten ihr damals etwas plötzliches Engagement für Europa nicht wieder loswerden.
Die Deutschen in Rußland litten auf eine doppelte Weise mit den Vorkommnissen: ihr Herz war zwischen beiden Fronten zerrissen. Sie waren gehaßte Deutsche – aber Rußland war ihr Heimatland. Ach, wie sollte das alles nur weitergehen?

Am Uralgebirge merkte man zunächst, wenigstens im Sommer 1917, äußerlich noch nicht allzuviel von den Unruhen. Liesels folgender Brief vom Herbst 1917 sollte danach aber für lange Zeit die letzte geordnete Nachricht sein. Vermutlich ist es eine Art geschichtliches Gesetz, daß den Mitlebenden die großen Zeitbewegungen in ihren Anfängen nicht erkennbar sind.

Kanjatschapkansk, 9. Oktober 1917

Liebes, goldenes Großmütterlein!
Sollte bald der ersehnte Friede da sein, so will ich noch geduldig warten, um endlich zu Euch allen heimzukommen. Hat der Krieg einen Anfang genommen, so wird er auch ein Ende haben. Nur nicht verzagen!
... Wir haben abends kein Licht, und so komme ich nur mit Unterbrechungen zum Schreiben. Heute erhielt ich Eure Karte vom Mai, sie war ein volles halbes Jahr unterwegs. Vielen Dank dafür.
Auch bei Euch ist schlimmer Krieg.
... Nun speist man bei Euch Trauben und geht in die Weinlese! Ach, wenn ich mir so etwas vorstelle! Ich träume von Birnen,

Zwetschgen, Kirschen. Hier gibt es keine Obstbäume. Im Garten steht ein Apfelbaum, aber das ist eigentlich ein Wunder hier. Er trägt kaum Früchte. Die meisten Menschen hier können sich nicht vorstellen, wie Obstbäume aussehen. So wie ich mir kaum Orangen- oder Dattelbäume vorstellen kann. Neulich erzählte ich einigen Leuten hier, wie bei uns Apfelbäume blühen können. Sie hörten mir zu, als würde ich ihnen ein Märchen berichten...

...Jetzt geht es schon in den dritten Winter hier. Was wird er bringen? Die Winter beginnen hier schon im Oktober. Meist ganz plötzlich, von einem Tag auf den anderen. Inzwischen habe ich den strengen, sibirischen Herrn schon ganz gut kennengelernt...

... Von Onkel Benjamin und Tante Frida aus Halbstadt höre ich seit langer Zeit überhaupt nichts mehr. Onkel soll ins Ministerium nach Petrograd gewählt worden sein. Aber man weiß nie, was man glauben soll und kann...

... Ach, wie sehne ich mich trotz allem, was ich hier an Gutem empfange, nach Euch! Das Heimweh verliert man nie, auch wenn die Fremde es gut mit einem meint...

... Es wird Neujahr werden, bis Ihr diesen Brief bekommt. Nehmt liebe Weihnachtsgrüße. Ach, wäre doch bis dahin Friede! Nehmt tausend liebe Grüße und Küsse von

Eurer Liesel

Ein neuer Winter nahte – und immer noch war nirgends Frieden in Sicht. Dann aber geschah der Umsturz so atemberaubend schnell, daß Lenin, der sich wegen seiner Radikalität wiederum hatte verstecken müssen, kaum mehr Zeit hatte, seine Perücke und seine Brille abzuwer-

fen. Die Oktoberrevolution raste mit ungeheurer Geschwindigkeit durchs Land; tagelang kamen die Führer samt Lenin nicht aus den Kleidern.
Es muß, wie Liesel später erwähnte, zunächst ein ungeheurer Aufbruch gewesen sein.
Lenin, so wußte man, war für die Sache der Freiheit und Gerechtigkeit angetreten! Sein Ziel war ihm klar; er wollte der Ausbeutung ein Ende machen und die bürgerlich-kapitalistischen Interessen zerstören. Vom Durchbruch des Sozialismus erwartete er einen neuen Menschen.
Und dann lief alles so schrecklich schief. Hatte man zu viel gewollt? Natürlich: Die Bauern wollten Land, die hungernden Städter wollten Brot – alle wollten sie schnellen Frieden, und alle wollten Freiheit.
Statt dessen begann ein Terror bisher unvorstellbaren Ausmaßes.

Jakob Thiessen, der stille, ernste Beobachter aller Vorgänge, hätte vielleicht erwidert:
»Wo keine Verantwortung mehr vor Gott ist, da ist sie auch bald vor den Menschen nicht mehr.«
Ein Arbeiter- und Bauernstaat wurde proklamiert. In Wirklichkeit entstand ein Bürgerkrieg. Der philosophisch begabte Lenin hatte sich wohl mehr theoretische Gedanken um den Sozialismus gemacht, er hatte kaum ahnen können, wie sehr Revolution und Gegenrevolution einander in die Haare gerieten und welcher Brutalität die Menschen fähig sind.
Vor allem in Südrußland nahm der Bürgerkrieg erschrek-

kende Ausmaße an. Liesel schwebte in dauernder Sorge um die ihr liebgewordene Familie Unruh. Man hörte von den Banden der Rotgardisten, wie sie sengend und brennend von Dorf zu Dorf zogen. Sie holten sich, immer auf der Lauer vor Gegenangriffen liegend, alles, was sie wollten.

Im Winter 1917/18 hörte man im Hause Thiessen wieder die Wölfe durch die sibirische Weite heulen. Schlimmer aber war das Gebrüll der »Roten« und das Schreien der Ausgeplünderten. Ein aus sibirischer Haft ausgebrochener Sträfling namens Machno schuf Blutbad um Blutbad.

Eines Abends, kurz vor Weihnachten, kam Jakob Thiessen traurig von einer geheimgehaltenen, mennonitischen Versammlung nach Hause: Man habe den allgemein beliebten Bruder Wiens auf schreckliche Weise umgebracht und ihn in ein Massengrab geworfen. Weitere Greueltaten, die er erfahren hatte, brachte er kaum über seine Lippen.
»Noch schützt uns unser abgelegener Ort und unser sibirischer Winter«, fuhr Jakob Thiessen fort. »Aber wir werden uns auf das Schlimmste gefaßt machen müssen. Sobald der gefrorene Boden es zuläßt, müssen wir vergraben, was geht. Man wird uns alles wegnehmen. Du gutes, zu Tode erschöpftes und ausgeblutetes Mütterchen Rußland – ein solches Schicksal hast du nicht verdient!«

Die Vertreibung

Ohne Gott ist alles erlaubt
Fjodor Dostojewski

Das Weihnachtsfest des Jahres 1917 beging man im Hause Thiessen mit sorgenvollen Gedanken. Von »Feiern« konnte keine Rede sein. Der Schneesturm fegte um Haus und Ställe, er verschlang die fremdartigen Geräusche, auf die man bei Windstille ängstlich lauschte. Obwohl der gregorianische Kalender in Rußland schon im Februar 1917 eingeführt worden war, feierten die Russen ihr Fest erst zu Neujahr, darum mußte man doppelt auf der Hut sein. Kein Weihnachtslied erklang. Katja berührte keine Klaviertaste, um nur ja nirgends Ärgernis zu geben.

»Bittet aber, daß eure Flucht nicht im Winter geschehe«, zitierte Jakob Thiessen bisweilen nachdenklich das Jesuswort, vor allem dann, wenn ihn furchterregende Botschaften aus der Umgebung erreichten. »Im Heiligen Land wußte man nichts vom russischen Winter, und doch ist dieses Wort wie in unsere Zeit und unser Land hineingesprochen.«

Vorsichtig begann er, einiges zu vergraben oder gründlich zu verstecken.

»Väterchen Thiessen, dir werden die Bolschewiken nichts tun«, sagte eines Morgens ein armer, kleiner Landarbeiter zu ihm. »Du hast uns allen geholfen. Wir werden

sagen: Väterchen Thiessen hat uns recht entlohnt und war uns ein gütiger Herr.«
Jakob Thiessen blickte den alten, abgearbeiteten Mann liebevoll an. Aber dann schüttelte er den Kopf:
»Die Leiter dieses Volkes sind Verführer, und die sich leiten lassen, sind verloren.« (Jes. 9, 15)
In den Augen des Alten begann es zu funkeln.
»Willst du damit sagen, daß der neue Revolutionsführer ein Teufel ist?«
»Ich habe nur ein Bibelwort zitiert, Brüderchen!«
»Bibelworte sagst du von jetzt an besser nicht mehr, Jakob Thiessen. Das hat alles ausregiert.«

Und dann brach das Unheil herein:
In einer Februarnacht des Jahres 1918 überfielen rote Horden das schöne große Gut, legten es in Schutt und Asche, zertrümmerten Türen und Fenster, rissen die Fußböden auf und raubten, furchtbar plündernd, alles, was ihnen unter die Hände kam. Die Hausbewohner flohen mit einem Planschlitten zum Hof hinaus, von Flüchen und Peitschenhieben begleitet. Brüllend rasten die Tiere in die Steppe hinein. Wie Riesenfackeln leuchteten die brennenden Gebäude hinter den Flüchtlingen her. Was in jahrzehntelanger, sorgfältiger Arbeit aufgebaut worden war, brach in wenigen Stunden zusammen.
In diesem Winter wurden die Wölfe satt.

Bei befreundeten Nachbarn fand die Familie Thiessen eine Notunterkunft. Sieben Personen lebten nun zusammen in einem kleinen, unheizbaren Zimmer. Der Hunger begann.

Ein Trost blieb: Von hier aus würden die eigenen Felder erreichbar sein. Man hoffte auf den Sommer, auf Nahrung und Wärme.
Mit Würde ertrug die Familie ihr Schicksal. Alle waren dankbar, daß sie noch am Leben und beisammen waren. Schon allein durch seine Anwesenheit sorgte Jakob Thiessen für Gerechtigkeit und Frieden in der engen Stube. Es lebte in dieser mörderischen Zeit etwas von der Unversehrbarkeit des Menschen im Angesicht der Gemeinheit in ihm.

Aus jenen Jahren ist noch ein Brief von Liesel erhalten. Er stellt in gewisser Hinsicht eine Kostbarkeit dar, denn es gingen in dieser turbulenten Zeit praktisch keine Nachrichten mehr von Rußland nach Deutschland hin und her. Ein aus der Kriegsgefangenschaft entlassener Soldat beförderte das Schreiben. –

Dawlekanowo, 25. Januar 1919

Liebe Brüder und Schwestern! Liebe Großmama!
... Zur Zeit fahren viele deutsche Kriegsgefangene durch unser Gebiet. So kann ich Euch einen Brief mitgeben, in der Hoffnung, daß er zu Euch gelangt. Vielleicht könnt Ihr es umgekehrt auch so machen?
Seit über anderthalb Jahren weiß ich nichts mehr von Euch. Ob ich wohl auch nach Hause käme, wenn ich mich solch einem Kriegsgefangenentransport anschließen würde? Ich wage es nicht. Eisenbahnen gehen jeweils nur eine kurze Strecke weit. Dabei hat es zur Zeit anhaltend 35 Grad Kälte. Gute, warme

Kleidung hat man ebenfalls nicht. Auch wenn ich vor Heimweh vergehe – im Augenblick muß ich hier aushalten.
Von uns kann ich nur Trauriges berichten. Ihr könnt Euch nicht vorstellen, was für schreckliche Dinge hier inzwischen überall geschehen sind und täglich weiterhin geschehen. Ich glaube, der Dreißigjährige Krieg war nichts dagegen. Eine Ökonomie um die andere wird enteignet und in Grund und Boden gehauen. Die Häuser sind zu Ruinen geworden, ohne Dächer, ohne Fenster und Türen und mit lauter aufgeschlitzten Fußböden.
Die Ungerechtigkeit ist himmelschreiend. Auch den lieben, lieben Menschen, bei welchen ich hier weile (Namen werde ich weglassen) hat man nur das nackte Leben gelassen. Vor einem Jahr wurde das prachtvolle Gut total zerstört. Es ist kein Lebewesen mehr auf dem ganzen Hof zu finden, vermutlich ergattern nicht einmal mehr die Ratten etwas. Wir kamen zunächst bei Nachbarn unter, aber nun ziehen wir heimatlos hin und her.
Ich war krank, längere Zeit mit Rheuma und schlechten Zähnen geplagt. Aber ich habe kein Geld für den Zahnarzt. Zur Zeit geht es wieder etwas besser. Ich koche und backe für die Familie, so gut es eben geht. Ich bin Familie Thiessen unendlich dankbar, daß sie mich nicht auf die Straße setzte, als sie selbst von allem beraubt wurde.
Am 9. Juni 1918 habe ich hier in der Mennonitenkirche in Dawlekanowo die Heilige Taufe erhalten. Von Taufunterricht konnte freilich nicht mehr die Rede sein. Ich bin in mich gegangen. Ich sehe viel Unbeherrschtheit in meinem Wesen. Wie liebevoll gehen die einzelnen Glieder der Familie Thiessen miteinander um! Gebe Gott, daß all das Schwere, das ich in meinem Leben als Waise schon erfahren habe, mir zur Reife und stets neuem Vertrauen helfen möge!

Aber nun, liebe Großmama, wie geht es Dir? Wie geht es sonst allen? Seid Ihr lebend durch den Krieg gekommen?
Ach, wann wird mir dies Rätsel, immer in der Fremde sein zu müssen, endlich gelöst werden? Verzeiht die schlechte Feder und den schrecklichen Papierfetzen, aber besseres gibt es nicht. Tinte machen wir uns selber.
Morgen ist wieder Sonnabend, das ist gräßlich. Da meutern die Betrunkenen, schlagen alles kurz und klein, plündern und morden, wie es ihnen paßt. Dabei gibt es doch fast nirgends mehr etwas zum Stehlen. Ich wage das zu schreiben, weil sie kein Deutsch können, wenn sie den Brief erwischen.
Herzinniglich grüßt Euch Eure immer noch verbannte und sich doch so sehr nach der Heimat sehnende

Liesel

»Vier schwarze Engel reiten über die russische Erde«, sagte man zu jener Zeit. »Die Plünderung, die Verwüstung, der Hunger und der Tod. Sie verwandeln das heilige Rußland in eine Hölle.«
Besonders gefürchtet war die Tscheka (Abkürzung für außerordentliche Kommission zum Kampf gegen Konterrevolution, Spekulation und Sabotage). Ein Bürgerkrieg war im Gang, den selbst der groß gewordene Lenin nicht entfernt in den Griff bekam. Alle, die sich gegen Ungerechtigkeiten wehren wollten, wurden erschossen, »wie Enten im Teich«. (Nach Aussage Trotzkis)
Der Ablieferungszwang gestaltete sich erdrückend. Hunger und Krankheit waren die Folge. Und dann brach in der Gegend von Dawlekanowo und Ufa die Cholera aus. Man wagte sich nicht mehr aus dem Haus.

Aber »wo Gefahr ist, wächst das Rettende auch«. Und so stand eines Tages Jakob Thiessens jüngster Sohn Wanja (zu deutsch Hans) unter der Tür. Endlich war einer der Söhne vom Militärdienst entlassen worden. Wanja hatte mühsam genug nach seinen Angehörigen suchen müssen, sie aber schließlich doch in einem anderen Regierungsbezirk gefunden.
Die Freude über die Heimkehr des Sohnes und Bruders war groß. Aber Wanja wollte zuerst zum »Chutor«, seinem Hofgut, um gründlich zu überlegen, was man tun könne. Er war jung, gesund und tüchtig. Er war nicht gewillt, sich sein Eigentum durch Willkür verderben zu lassen. Und ganz gewiß würde er einen Weiterweg finden.
Wanja mußte die ganze Strecke zu Fuß gehen, weil nirgends ein Pferd aufzutreiben war. Auf dem Gut allerdings sah es schlimmer aus, als er befürchtet hatte. Während er durch die Ruinen stieg, wurde er von Mitgliedern der Tscheka beobachtet, die hinter einem rauchschwarzen Mäuerchen Wodka tranken. Sie erkannten ihn als Sohn des Besitzers. Das genügte, um ihn gefangenzunehmen und zum Tode zu verurteilen.
Man machte kurzen Prozeß: Da es keine heile Wand mehr gab, an die man den »Ausbeuter« hätte stellen können, sollte die Exekution im freien Gelände durch Gehirnschuß stattfinden. Wanja erzählte hinterher, daß er unheimlich ruhig gewesen sei, denn wenn es wirklich darauf ankomme, würden einem ungeahnte Kräfte wachsen.
Die Banditen hatten einiges über den Durst getrunken. Außerdem hatten sie nahezu alle Munition verschossen.

Die letzten drei Kugeln, die sie noch besaßen, blieben in Wanjas dichtem Haarschopf hängen. Solange das Exekutionskomitee beratend nach neuer Munition Ausschau hielt, riß sich der Gefangene los und entwischte in die Steppe. Er rannte um sein Leben. Es war seine Rettung, daß er sich in seiner Heimat gut auskannte. Wie einem waghalsigen Abenteurer sei ihm zumute gewesen, sagte er hinterher.

Am Rand der Steppe hoppelte ein armseliges Gefährt mit einem mageren Panjepferdchen über das unwegsame Gelände. Es war ein alter Pope mit seinem halblahmen Gaul. Er saß auf einem umgestülpten Weidenkorb. Das Leben der Popen war noch einigermaßen geschützt, auch wenn man ihnen in Kirche und Heimstatt alles genommen hatte.

Der bärtige Geistliche erschrak heftig, als plötzlich ein verwahrlost erscheinender junger Mann vor ihm auftauchte. Wanja gab sich zu erkennen und bat den Popen, ihn mitzunehmen.

»Ich kann dich auf meinem Wägelchen nicht verstecken«, klagte der alte Mann. »Sieh her, auch mir haben sie nur das nackte Leben gelassen.« Lachend lüftete er seine lange Soutane, unter der er völlig unbekleidet saß. »Ein Glück, daß Sommer ist. Ich muß sehen, wie ich bei Freunden wieder zu Hemd und Hose komme.« Dann fuhr er in fast ausgelassener Heiterkeit fort: »Weißt du, was wir machen? Ich setze mich auf deinen Rücken. Du bist sozusagen meine Bank. Meine Soutane ist groß genug, um uns beide zu bedecken.«

So zuckelten sie miteinander weiter. Bequem war die Sa-

che für beide nicht, aber sie meisterten die Situation mit Humor.
Nicht lange danach verstellten die Banditen ihnen den Weg.
»Ich habe nichts mehr für euch«, sagte der Pope ruhig. »Und aufstehen kann ich auch nicht mehr, ich bin zu alt.«
»Wir suchen Wanja Thiessen, Väterchen. Er ist uns entwischt. Er ist zum Tode verurteilt und ausgebrochen. Hast du irgendwann einen jungen Mann auf der Flucht erblickt?«
»Wanja Thiessen? Ja, den Namen kenn' ich. Doch, in der Tat, dort hinten habe ich einen jungen Mann in die Steppe eilen sehen. Wenn ihr euch beeilt, findet ihr ihn.«
Und der Pope zeigte in die entgegengesetzte Richtung. Die Banditen zogen hochbefriedigt davon. Bald hatte das sonderbare Gefährt den neuen Regierungsbezirk erreicht, in welchem die Gefährdung nicht mehr so groß war. Wanja kam unversehrt bei den Seinigen an und wurde sofort im Keller versteckt. Der Pope erhielt eine Hose von Jakob. Beide Männer schmunzelten, weil sie sich wörtlich an die biblische Weisung hielten:
»Wer zwei Röcke hat, gebe dem einen, der keinen hat.«
Drei Wochen lang mußte Wanja in seinem Kellerversteck ausharren, bis die Gegend wieder sicher war. Als er endlich die ersten Schritte nach oben wagte, scherzten die Geschwister mit ihm:
»Du siehst aus wie eine geile Kartoffel.«
Wanja lachte fröhlich.
»Ihr Hexen habt mich so gut gefüttert wie den Hänsel im

Märchen! Aber nun bin ich wieder frei – und alle miteinander werden wir schon zu einer brauchbaren Existenz kommen!«

Statt dessen nahte eine neue Bedrohung. Zwar war die Cholera gnädig an den Thiessens vorübergegangen, aber nun grassierte der Typhus in einer besonders schweren Form, und in dem engen Quartier wurden drei der inzwischen acht Familienmitglieder (der Bruder Petja war ebenfalls vom Militär entlassen worden) davon gepackt. Am heftigsten erkrankte Liesel.

Ich habe die Krankheit schon vorher gespürt, schrieb sie danach. Ich hatte plötzlich schlimme Depressionen, die ich sonst meinem Wesen nach gar nicht kenne; ich war abgeschlagen und ohne jeglichen Antrieb. Ich schämte mich sehr, ja, ich verstand mich selbst nicht mehr. Dann kam das Fieber. Es wurde so hoch, daß niemand glaubte, ich könne am anderen Tag noch die Augen aufschlagen. Ich hatte fürchterliches Heimweh und ich dachte bei mir, diese Benommenheit und diese seelischen Schmerzen seien die endgültigen Vorboten des Todes.

Den ganzen Winter über lag Liesel krank, treu gepflegt von den anwesenden Töchtern. Als endlich der Frühling kam, machte die Genesung rasche Fortschritte.
Unvergeßlich blieb der jungen Heimatlosen jener Morgen, an welchem sie erstmals die Füße ins Freie setzen konnte. Es ging bereits vom Winter in den Sommer: die Jahreszeiten sind in Sibirien manchmal verhältnismäßig übergangslos. Tief sog sie die frische, reine Luft in sich

hinein. Sie war noch ein wenig wacklig auf den Beinen und lehnte sich an die Hauswand. Das Gebüsch zeigte lichtes Grün, der Himmel war weit und von hellem Blau. Wie schön war es doch trotz allem, zu leben! Den Vogellaut zu hören, den wärmenden Sonnenstrahl zu fühlen, jeden daherwehenden Duft zu riechen! Das Dasein war neu geschenkt.

Aber wie erschrak sie, als sie im Spiegel der Fensterscheibe des niedrigen Holzhauses sich selbst erblickte! Alle Haare waren ausgegangen, nur ein schwacher Flaum bedeckte die Kopfhaut. Schmal, fast eingefallen wirkte das graublasse Gesicht. Die dunklen Augen blickten wie aus Höhlen.

In dieser Verfassung kann ich nicht unter die Menschen, dachte sie betroffen. Mein schönes, volles Haar! Und jetzt sehe ich aus wie eine kahlköpfige Greisin. Hoffentlich ist niemand um den Weg. Ich muß mir rasch ein Stück Stoff suchen, das ich als Kopftuch benützen kann.

Es war aber doch jemand um den Weg gewesen. Wanja war es, der Wasser geholt hatte. Behutsam trat er auf die junge Liesel zu, und, als hätte er ihre Gedanken gelesen, sagte er herzlich:

»Deine Haare werden wieder wachsen und neuen Glanz bekommen – und wie viel Schönes wirst du mit frischen Augen entdecken, wenn erst der Sommer richtig da ist!«

Verunsichert und scheu, auch etwas verwirrt, wandte sich Liesel ihm zu. Was war das? Im warmen Blick seiner Augen begegnete sie einem Strahl jenes Lichtes, von dem sie einst in jener entscheidend wichtigen Nachtstunde im Wald berührt worden war, als ihr zugesprochen wurde:

»Ich will dich, Elisabeth Muselmann, nicht verwaist lassen...«
Ein bisher unbekanntes Glücksgefühl durchflutete sie. Wanja nahm sie bei der Hand und führte sie sanft ins Haus zurück.

»Wißt ihr, was das ist – bettelarm?«

Ein Kulak sagte zu seinem Nachbarn:
»Du hast aber wenig Erde!«
Der Nachbar erwiderte:
»Ja, aber viel Himmel darüber!«
Aus Rußland

Urter – Tau am Ural, im Sommer 1920

Geliebte Brüder und Schwestern! Liebe Großmama!
Es ist Sonntag und endlich ein wenig Zeit. Es scheint, daß der Bürgerkrieg alles mitnimmt, auch die Zeit.
Wir sind innerhalb von zwei Jahren nun siebenmal umgezogen. Immer wieder wurden wir neu vertrieben und verjagt.
Weil gegenwärtig viele Reichsdeutsche in ihre Heimat zurückkehren, will ich versuchen, diesen Brief jemandem mitzugeben, in der Hoffnung, daß er zu Euch findet. Mit der Post ist nichts los.
Seit Jahren habe ich nichts mehr von Euch gehört. Wenn ich die Deutschen wegfahren sehe, bricht mir fast das Herz. Aber ich habe keinen einzigen Heller in der Tasche, womit soll ich reisen?
Und dann ist da noch ein Grund:
Ich habe mich vor kurzem mit Hans Thiessen verlobt. (Wir nennen ihn meist Wanja.) Hans ist der jüngste Sohn der Familie Thiessen. Er ist zwei Jahre älter als ich. Wir lieben einander von Herzen. Aber das Schicksal treibt uns alle miteinander hin und her, so daß wir nicht wissen, wie wir einmal heiraten und eine Familie gründen sollen.

Wir hoffen natürlich immer noch, zu Grund und Boden zu kommen. Aber im Augenblick kann man nur das »Heute« bestehen. Zur Zeit leben wir wieder mal bei Bekannten, in einer einzigen Stube, die Eltern, 2 Söhne, 2 Töchter und ich.
Der Gedanke, daß ich nun vermutlich ganz in Rußland bleibe, wird mir sehr schwer. Ich liebe meinen Hansel über alles, aber ich liebe auch meine Heimat. Von heute aus kann ich mir nicht vorstellen, daß ich hier alt und grau werde. Vermutlich sind die Zeiten aber so, daß man überhaupt nicht bis zum Alt- und Grauwerden kommt. So weit hat es das rote Paradies gebracht. Dabei wollten Sie uns alle zu neuen Menschen machen. Ja, ja, wenn das so einfach wäre ...
Über Onkel Benjamin gehen die tollsten Gerüchte um. Einmal soll er erschossen, dann verschleppt, dann in Kanada oder in Moskau in Gefangenschaft sein. Zuverlässige Nachrichten haben wir schon über Jahre hinweg keine mehr. Es geschieht alles mündlich, und dann weiß man auch nie, ob es stimmt.
Jetzt, im Sommer, finden wir immer noch etwas zu essen. Aber wie das wohl im Winter wird? Wenn sie uns wieder alles wegnehmen! Wir verstecken schon jetzt, was wir können. Auf unserem einstigen Gut haben wir unseren alten Klavierkasten gefunden, mit dem die Diebe wohl nichts anzufangen wußten. Da hinein verstecken wir nun all unser Saatgetreide für die Wintersaat ...

Es wurde eine seltsame Brautzeit für die jungen Leute. Zunächst mißlangen alle Versuche, auf dem elterlichen Gut irgendwie anzufangen.
Schließlich bekam Wanja eine Stelle als Kontorist auf dem Gebietsamt. An eine Heirat war weiterhin nicht zu

denken, da die eingeengten Wohnverhältnisse kein eigenes Zimmer erlaubten.
Im Herbst 1920 wurde die ganze Familie wiederum vertrieben. Man fand eine Bleibe in der kleinen Landstadt Dawlekanowo, die man aus den Vorjahren schon ein wenig kannte.
Liesels nächster Brief entstammt dem Hungerwinter 1920/21. Er kam bereits mit der Post, ein Fortschritt.

... Dieser Winter war unser bisher härtester. Ein grausamer Winter.
Wir sind noch immer bei den Eltern. Es ist sinnlos, etwas Eigenes anzufangen, da wir bis jetzt streng in Kolchosen arbeiten müssen. Unser Land daheim liegt brach; dabei wächst der Hunger von Tag zu Tag. Eine Mißwirtschaft und Schlamperei ist das! Stundenlang, tagelang müssen wir Schnee schippen an Stellen, wo nie ein Menschenfuß hinkommt.
Mehrere Wochen lang hatten wir anhaltend 30 Grad minus. Wenn es windstill ist, geht es, man kann es ganz gut ertragen. Aber nach Weihnachten kam der Buran, das ist eine Art Schneesturm.
Solch ein Buran kostet immer Menschenleben. Plötzlich wird es mitten am Tag dunkel. Man weiß nicht, ist es aufgewirbelter Schnee oder schneit es noch dazu. Wir sahen buchstäblich die Hand vor den Augen nicht mehr. Man kann sich denken, wie einmal der Weltuntergang sein wird.
Wer zufällig außer Haus ist, weiß nicht, ob er wieder heim findet. Ganz in unserer Nähe erfroren zwei Frauen. Sie fuhren von der Stadt heimwärts. Als sie schon in der Ferne ihr Haus sehen konnten, setzte ganz plötzlich der Buran ein. Sie versuch-

ten, das letzte Stück vollends zu reiten. Als der Buran sich gelegt hatte, gingen die Angehörigen schnell hinaus, um sie zu suchen. Man fand sie kaum 10 Schritte von ihrem Haus entfernt. Die eine Frau war ganz erfroren, die andere bis zum Oberkörper, sie starb bald darauf. Die Wölfe nahten sich schon den Pferden. Überhaupt sind die sonst scheuen Wölfe in diesem Jahr besonders dreist. Der große Hunger läßt sie alle Furcht verlieren. Unsere Gegend ist noch relativ bewohnt, so daß man sie vom Fenster aus zwar sehen kann, aber in die Behausungen brechen sie bei uns kaum ein ...
Wanja und ich sind sehr glücklich, so weit das unter den Zeitumständen überhaupt möglich ist. Ich liebe meinen Hansel innig, und dasselbe spüre ich auch bei ihm. Ich möchte ihn um keinen Preis in der Welt hergeben. Aber ich muß gestehen, daß es ein hoher Preis ist. Ich muß Euch allen damit ein Stück weit Lebewohl sagen. Wenn ich darüber nachdenke, kommen mir die Tränen, so daß ich nimmer weiterschreiben kann. Das darf mein Hansel nicht merken, es täte ihm weh ...

Im Frühjahr 1921 schreibt Liesel:

... Tagsüber sind wir jetzt draußen, wir haben überviel Arbeit. Abends sitzen wir noch im Dunkeln. Wenn wir Glück haben, scheint der Mond, aber sein Licht reicht nicht aus zum Schreiben eines Briefes. Wir legen dann einige Späne in den Herd, so daß wir das Nötigste erkennen.
Wie lange und wie grausam war der letzte Winter! Ich lag fast ein ganzes Jahr lang ohne Matratze auf der Erde. Aber man ist so müde, daß man trotzdem schläft.
... Seit gestern ist der Boden offen. Hans und sein Bruder Petja

pflügen außerhalb der Kolchosenzeit auf unserem Acker. Wir hoffen, daß wir ein bißchen säen und ernten können.
Wir haben den Eindruck, daß das Volk nun doch ruhiger wird und der schreckliche Bürgerkrieg sich seinem Ende zuneigt.

Im vorigen Jahr zerstörten die bolschewistischen Banden noch alle frisch eingesäten Felder, ohne zu bedenken, daß sie doch auch von unserem Brot zu essen haben müssen. Ein Tatar sagte neulich: »Ich meinte immer, selbst der Teufel kann solch einen großen, schönen Hof wie den Eurigen nicht zerstören – aber sie haben es mit Plündern, Sengen und Brennen dennoch geschafft.«
Ich gebe diesen Brief einem Ausländer mit, der ihn in Deutschland einwerfen will. Die Sehnsucht nach Euch wird nie sterben. Mal ist sie stiller, mal wieder ganz ruhelos. Vergeßt nicht, falls Ihr noch lebt, im Osten Eure

Liesel.

Wie ein Wunder erschien es der jungen Verlobten, als sie in jenem Frühjahr, nach fast vier Jahren, die erste Nachricht aus Deutschland bekam. Der Brief war von der Großmutter.
Die alte Frau stellte die Kriegs- und Nachkriegszeit dar. Sie erzählte von Liesels ältestem Bruder Christian und dessen unerwartetem Tod kurz nach seiner Verheiratung. Bruder Heinrich hatte auch geheiratet und sich im Bayerischen niedergelassen. Alle Onkels waren einigermaßen heil aus dem entsetzlichen Krieg zurückgekehrt. Onkel Hans und Tante Julie hatten die Domäne Hohebuch in Nordwürttemberg übernommen. Die Familie Unruh war unter schwierigsten Umständen über Moskau nach

Deutschland gelangt und lebte jetzt in Karlsruhe bei Tante Fridas Schwester Johanna; alle waren gesund geblieben. Es waren inzwischen acht Kinder geworden.
Von der Nachkriegszeit berichtete die Großmutter nichts Gutes. Das Deutsche Reich mußte hohe Reparationskosten bezahlen. Die Arbeitslosigkeit stieg. Der schlimmste Hunger war zwar gebannt, aber die trostlose Zukunft legte sich allen beklemmend aufs Herz.
»Politisch muß es in Deutschland traurig aussehen«, berichtete Liesel ihrem Schwiegervater. »Das Elsaß haben die Franzosen, das Saargebiet und weite Teile am Rhein sind besetzt, und zwischen Ostpreußen und das übrige Reich hat man einen Korridor eingeschoben, der jetzt polnisch ist. Die Revolution ist auch nach Deutschland übergesprungen, aber sie war nicht so schlimm wie bei uns. Der Kaiser lebt im Exil in Holland. Onkel Benjamin hat eine Kommission gebildet, die in Amerika ein Bild von der verzweifelten Lage der Mennoniten in Rußland geben soll.«

Bruder Heinrichs liebenswerte junge Frau Friedl machte als erstes ein Paket nach Rußland zurecht. Nach langer Zeit kam es tatsächlich an und löste dort überschwengliche Freude aus.
Liesel schreibt im Frühsommer 1921:
Heinrich, lieber Bruder! Euer Paket ist angekommen, es dünkt uns wie ein Wunder. Nun kann ich meinem Hansel Kakao kochen! Und Briefpapier, wie herrlich! Ich will es gerne an Euch verschreiben! Seit Jahren erstmals wieder Nachricht von Euch! Eure Zeichen der Liebe wärmen mich, denn manchmal, wenn

Hansel unterwegs ist, komme ich mir doch unendlich verlassen vor in dem riesigen russischen Land.
Es wäre jammerschade, wenn mein Brief nicht ankäme, denn Briefpapier ist so kostbar, hier kriegen wir nirgends welches.
Wißt Ihr, was das ist – bettelarm?
Ihr wißt es nicht.
Über unseren heimgegangenen Bruder Christian weine ich viele Tränen. Ich habe ihn nun nicht mehr gesehen. Wie schwer mag es auch für die junge Schwägerin Gertrud sein, so ohne Mann und Kinder...
Zur Zeit sind alle unsere Männer wieder einmal fort, mobilisiert. Man sagt, es gäbe Krieg mit Japan. Nun müssen wir Frauen wie Männer arbeiten, das ist in Rußland überhaupt so. Wir müssen Bäume fällen.
Einmal sind wir auch gefangengenommen worden, meine Schwägerin Selma und ich. Ich lenkte gerade das Pferd mit einem Schlitten Holz nach Hause, als einer von der Regierung anschnaufte und mir die Zügel aus der Hand riß. Er schrie, das Holz sei gestohlen. Dabei haben wir es aus unserem eigenen Wald geholt. Nach einer Nacht wurden wir wieder frei. Aber unser Holz war inzwischen fort.
Neulich gingen die Pferde über mich, weil ich rückwärts von unserem schadhaften Wagen herunterfiel. Aber ich geriet so geschickt der Länge nach zwischen die Räder, daß ich danach im großen und ganzen unversehrt wieder aufstehen konnte. Die anderen waren alle ganz starr vor Entsetzen, und als ich aufstand, glaubten sie an ein Wunder.
Letzten Sommer fiel der Heuwagen um, den ich geladen hatte, und er begrub mich unter sich. Auch da passierte nichts.
Ein andermal gingen wir nachts in unseren Wald, um unser

Holz zu stehlen. Wir hatten wahrhaftig kein schlechtes Gewissen dabei, denn es ist unser Wald und unser Holz. Solche Gedanken darf man freilich nicht denken. Aber es wurde uns alles zu Unrecht enteignet. Kurz und gut, beim Abladen rollte mir ein Stamm auf den Fuß. Ein paar Minuten muß ich wohl ohnmächtig gewesen sein. Der Fuß war danach einige Wochen geschwollen, aber ich habe mir nichts gebrochen, und jetzt ist alles wieder gut.
Die deutsche Sprache zu sprechen, das verlerne ich nun doch fast . . .

Von Herzen Eure Liesel

Glücklicherweise kam Wanja noch im Sommer nach Hause. Der Krieg gegen Japan war nicht ausgebrochen. Lenin hatte inzwischen jungen bäuerlichen Familien im Falle einer Heirat etwas eigenes Land und eine Wohnmöglichkeit versprochen. So entschlossen sich Hans und Liesel, im August 1921 zu heiraten.
Liesel schreibt:

Dawlekanowo, im Juli 1921

. . . Wenn ich denke, daß ich Hochzeit machen soll mit praktisch nichts auf dem Leib, dann erkenne ich unser ganzes Elend hier. Wie erträumte ich mir als Kind meine Hochzeit im weißen Kleid mit Schleier und fröhlichen Geschwistern, Brautjungfern, Musik und Blumen und vielen, vielen Kuchen! Jetzt besteht mein einziges Hemd aus lauter Flicken. Brot reicht nur bis Weihnachten. Wir haben auch kein Salz mehr.
Rußland, Rußland, du hast es weit gebracht! Ihr habt ja keine

Ahnung, wie es bei uns ist. Wir sind froh, wenn wir ein Stück trockenes Roggenbrot haben. Auch sind die Hände von der vielen groben Arbeit nicht mehr fein genug zum Schreiben. Wir sind dankbar, wenn man uns mit primitiven Mitteln arbeiten läßt und uns nicht alles gleich wieder wegstiehlt. Die aus Asien eingeschleppte Rinderpest rafft auch noch das letzte Vieh dahin. Aber wir verzagen nicht. Der Bürgerkrieg ist nicht mehr so heftig. Lenin hat uns versprochen, daß wir das über unser Soll Erarbeitete behalten dürfen. Darauf vertrauen wir! ...

Am 18. August 1921 wurden Hans und Liesel Thiessen in der kleinen Mennonitenkirche von Dawlekanowo getraut. Der Text stammte aus 1. Chron. 17:
Wer bin ich, Herr, und was ist mein Haus, daß du mich bis hierher gebracht hast? ... Du, Herr, hast das Ohr deines Knechtes geöffnet, daß du ihm ein Haus bauen willst. Hebe an zu segnen das Haus deines Knechtes.

Die jungen Eheleute bekamen nun ein kleines Holzhaus in der Nähe von Dawlekanowo, etwas Land, zwei gestohlene Hühner, zwei Kühe und zwei Schafe. Zugtiere wollte sich Wanja im Winter aus Sibirien besorgen, wo es immer noch günstige Angebote aus Kriegsbeständen gab.

Vom Tag der Hochzeit erzählt Liesel in einem Brief an die Großmutter:

... Es war mir sehr schwer, daß von den Meinigen niemand bei meiner Hochzeit sein konnte. Und ich wäre doch so gerne nochmals ein lustiges Mädchen mit Euch allen gewesen!

Auch hätten wir gern ein Foto von der Hochzeit gemacht, um Euch eines schicken zu können. Aber es hätte 14–18 000 Rubel gekostet. Die Teuerung wächst allmählich ins Astronomische. Wir konnten es nicht machen.
Anschließend an die Trauung hatten wir ein kleines Abendbrot. Und wir Jungen waren dann fröhlich bis zum Morgen. Ihr glaubt nicht, wie man trotz solch bitterer Zeiten doch immer wieder fast ausgelassen glücklich sein kann. Katja, meine älteste Schwägerin, hatte noch ein wenig Brautschmuck von sich gerettet, den sie mir gerne lieh. Meine Schwiegermama schenkte mir eine Tischdecke. Sie hatte für ihre vier Töchter solch eine schöne Aussteuer gerichtet gehabt, aber nur das Versteckte retten können.
Die jüngste Tochter hat am kommenden Sonntag Hochzeit. Thiessens sind wunderbare Menschen.
Die Eltern wollen dann vom Winter ab in ein Zimmer in die Stadt. Dann sind Hans und ich allein. Ach, was wird dieser Winter wieder alles bringen! Ich besitze keine warmen Sachen mehr. Von der Wolle unserer Schafe zwacke ich mir etwas ab und stricke mir ein warmes Unterkleid. Und vielleicht kann ich durch Spinnen etwas hinzuverdienen. Schustern habe ich auch schon gelernt. Kaufen kann man rein gar nichts. Erstens ist keine Ware da, und zweitens keine Rubel.
Trotz allem – wir lassen uns durch solchen Krimskrams unser gemeinsames Leben nicht verderben. Wir sind glücklich miteinander, wir sind gesund und arbeiten gerne. Wir finden auch täglich etwas zum Fröhlichsein. Wenn wir nur so viel zusammenbringen, daß wir uns einigermaßen satt essen können und nicht allzu sehr frieren müssen, dann wollen wir uns daran genügen lassen.

Auch meine Schwiegereltern bestellen Dir, liebe Großmama, und Euch allen, die herzlichsten Grüße!

In inniger Liebe
Eure Liesel

Und auch Hans fügte dem Schreiben noch einen eigenen Brief hinzu. Er ist mit großen Buchstaben gemalt, sicher hat der junge Mann lange darüber gesessen.

Urter – Tau, 27. September 1921

Liebe Großmama!
Urtheilen Sie nicht zu scharf über den neuen Enkel, der manchen Fehler in dem Briefe machen wird. Die deutsche Sprache ist mir von jeher fremd gewesen. Unsere Muttersprache ist ein wenig Plattdeutsch, aber wir sprechen immer Russisch.
Es ist der Wunsch meiner Frau, daß ich mich Ihnen in diesem Brief vorstelle. Es war sehr schade, daß von Liesels Seite niemand bei unserer Hochzeit dabei sein konnte.
Wir sind gottlob gesund und alle am Leben.
Aber das Existieren bei der jetzigen Zeit ist anders als früher. Oft hängt der Brotkorb sehr hoch. Wir sind immer froh und dankbar, wenn wir das tägliche Brot haben.
Wie viel saure Mühe und schwere Arbeit dieses spärliche Leben jetzt kostet, kann sich keiner vorstellen, der es nicht selbst erlebt hat. Unsere Arbeit wird mit Regelwidrigkeiten und Konfiszieren bezahlt. So lange das andauert, können wir auf keinen grünen Zweig kommen, auch wenn wir uns noch so plagen. An den kommenden Winter dürfen wir nicht denken. Schon jetzt wird die Zahl der Verhungernden von Tag zu Tag größer.

Ihr neuer Enkel Wanja Thiessen

Obwohl man auf Väterchen Lenins Reformbestrebungen große Hoffnungen setzte, brach im Winter 1921/22 schrecklicher Hunger aus.

Ach, wenn wir doch nur wieder einmal Menschen sein dürften, schrieb Liesel nach Deutschland. *Der Mensch geht so schnell ins Rohe, Tierische über, wenn er nichts mehr zu essen hat. Es ist erschreckend.*

Die Mißernten der Jahre 1921 und 1922 hatten wieder Cholera und Typhus im Gefolge. Liesel wurde nochmals vom Typhus geschüttelt, wenn auch nicht mehr so schwer wie das erste Mal.
Die Verwandten in Deutschland bemühten sich nun sehr um Ausreisepapiere für Liesel. Sie erwiderte:

Es tut mir leid, daß Bruder Heinrich und Onkel Benjamin sich so viel Mühe gemacht haben, um Ausreisepapiere für mich zu bekommen. Aber nun bin ich verheiratet.
»Du kannst gehen«, sagte die Schwiegermama zu mir. »Aber Hans bleibt da.«
Wie soll ich jedoch ohne meinen Hansel Freude haben? Und am Ende kann ich dann nicht mehr zurück.
Doch ich hebe alle Papiere auf, und wenn die Zeiten besser sind, besuchen wir Euch beide . . .
. . . Manchmal träume ich dumme Gans von einem Stückchen Schokolade oder etwas Süßem, schließt Liesel ihren letzten Brief aus dem Jahr 1922. *Manche Tage, wenn der Hunger sehr groß ist, hat man solche Sehnsucht danach, daß man meint, es nicht mehr aushalten zu können. Und nachts träumt man von*

lauter guten Sachen, von Trauben, Pfirsichen und einem Stück herrlichem Entenbraten ...

Aber auch andere Begebenheiten weiß sie aus diesem Hungerjahr zu berichten:

Hierzulande erleben wir jetzt grade eine Erweckung. Über dreihundert orthoxode Russen sind dieser Tage während einer einzigen Predigt zu den russischen Baptisten übergetreten. Von weit her strömen die Menschen zusammen. Morgen sollen wieder große Zusammenkünfte sein. Leider kann ich noch nicht so gut Russisch, daß es viel Sinn hätte, den Predigten zu folgen und mit nach Ufa zu fahren. Aber Wanja geht hin. Die Russen sind im Grunde ein frommes Volk, es wird nicht möglich sein, ihr Wesen ganz zu zerstören. Und so glauben wir fest, daß alles wieder gut werden wird ...

Lenins Tod

> Wenn's etwas gibt, gewalt'ger als das Schicksal, so ist's der Mut, der's unerschüttert trägt.
>
> *Johann Wolfgang von Goethe*

Der Bürgerkrieg war abgeklungen.
Trotz aller Not ging es wie ein Aufatmen durch das Volk. Freilich, der Hunger wütete weiterhin schrecklich. Auch wurde noch genug gestohlen; nachts wurden die Felder geplündert.
Wir unterbrechen unseren Schlaf jede Nacht und sehen nach dem Rechten, schreibt Liesel nach Deutschland. Auch das Fahren mit dem Fuhrwerk war gefährlich, immer wieder hörte man von Überfällen am hellichten Tage. Vor den Sonntagsfahrten in die Stadt zu den Eltern fürchtete sich Liesel immer ein wenig.
Aber es ist schon eine Wohltat, fügte sie hinzu, *wenn nicht täglich Soldaten vor einem stehen und drohend das allerletzte Korn und alle Rüben fortnehmen.*
Um unseren Sonntag mußten wir längere Zeit sehr kämpfen. Aber schließlich erhielten wir ihn wieder zurück, die Arbeitskommandos ruhen jetzt an diesem Tag.

In den kurzen Sommermonaten war die Arbeit neben den Stunden in den Kolchosen sehr intensiv für die beiden jungen, fleißigen Leute. Man hatte jeden guten Augenblick zu nützen, denn Hilfskräfte zur Bewältigung von Stall,

Haus, Garten und Feld gab es nicht mehr. Den geernteten Weizen mußte Hans auf dem Wohnzimmerboden ausschütten, weil nirgends sonst Platz war. Der Saatweizen wurde wiederum sorgfältig versteckt.
Ein Brief vom folgenden Winter erzählt:

Urter – Tau, den 30.1. 1923

... Endlich komme ich zum Schreiben. Unsere Abgaben sind aus dem Haus. Ich habe die Stube frisch geweißt. Man fühlt sich wieder als Mensch. Im Sommer dachte ich manchmal: Nein, daß Deutsche so etwas aushalten können! Es war ein schreckliches Durcheinander.
Nun aber ist alles aufgeräumt. Ich habe inzwischen auch eine Tatarenfrau zur Hilfe, ihr Mann hat sie verlassen. Sie versteht natürlich nur wenig vom deutschen Arbeiten, aber sie ist willig, sie kann mir Holz und Wasser tragen, und gestern hat sie sogar erstmals Brot gebacken, das ist eine große Entlastung für mich.
Wanja ist hinüber nach Sibirien, hinter den Ural. Dort gibt es zur Zeit billige Pferde. Er nahm Weizen mit zur Bezahlung. Denn Rubel würden jetzt gerade in die Millionen gehen. In etwa drei bis vier Wochen will er zurück sein. Es ist sehr kalt auf dieser Reise, aber im Sommer können wir uns keinen Tag frei nehmen. Wenn alles klappt, werden wir in diesem Frühjahr erstmals seit Jahren wieder richtig pflügen können.
... Immer wieder muß ich aufhören mit Schreiben, weil ich sogar im Pelz friere, draußen tobt ein Buran. Kein ganz schlimmer. Aber es reicht. Wir haben immer noch erbärmliche Fenster, und da löscht der Zugwind das Kerzenlicht. Doch Glas zu kaufen, wenn überhaupt vorhanden, das kann man jetzt nicht, es ist

im Augenblick unerschwinglich. Von Tausendern spricht überhaupt niemand mehr, nur noch von Millionen.
... Wir fragen uns immer wieder, wie wir die letzten Jahre eigentlich durchstehen konnten. Die Menschen liefen alle wie Schatten umher. Manchmal dachte ich: es sind gar keine Menschen mehr.
... Solange Hans weg ist, lege ich mich manchmal auf mein Bett und weine und sage: »Ich will nach Deutschland, sonst will ich nichts mehr.« Aber wenn er dann wieder da ist, dann weiß ich, daß die Liebe alles duldet und alles trägt und daß ich zu ihm gehöre. Und so wollen wir denn diesen Sommer schaffen, schaffen, damit wir beide zu Euch fahren und das nächste Weihnachten mit Euch allen zusammen feiern können.
... Es ist jetzt nach Mitternacht, aber draußen heult der Buran so stark, daß man nicht schlafen kann. Vielleicht lege ich mich nachher noch ein wenig auf den Ofen.
... Wenn ich noch eine Bitte aussprechen darf: versucht, mir einige Sämereien zu schicken. Hier gibt's nichts für den Garten, rein gar nichts...

Von Herzen Eure Liesel

Leider brachte das kommende Jahr wiederum keine gute Ernte, so daß Hans und Liesel ihre geplante Deutschlandreise nicht finanzieren konnten.

Ich gebe aber die Hoffnung nicht auf, schrieb sie nach der Ernte, *vor allem Dich, mein geliebtes Großmütterlein, noch einmal zu sehen. Jetzt, im Sommer, sind die Eltern hier, auch meine Schwägerin Elsa. Das tut gut. Meine Schwägerin Katja gibt in der Stadt Klavierstunden, und Selma schustert und näht.*

Wenn Vater Thiessen da ist, kommt man nicht auf den Gedanken, über irgend etwas zu klagen ...

Das darauffolgende Frühjahr (1924) war von besonderer Freude erfüllt: Liesel erwartete, nach dreijähriger Ehe, ein Kind. Die Vorstellung, im fremden Land bis zum Herbst etwas zu besitzen, das ganz zu ihr gehörte, machte die junge Frau unendlich glücklich, so daß sie den beginnenden Frühling wie einen Blütentraum erlebte.

Aber zuvor geschah noch etwas, das tief ins Leben der jungen Familie eingreifen sollte:
Am 21. Januar 1924 starb der große, schon längere Zeit kranke Lenin. Er war erst 54 Jahre alt. Er mußte das Werk, das ihm vorschwebte, unvollendet verlassen. Es blieb ein schwacher Trost, daß er eines natürlichen Todes starb, was in jenen Zeiten des Mordens und der Korruption nicht selbstverständlich war.
Wenn die morschen Ruinen des Zarenreiches erst einmal eingerissen wären, so glaubte Lenin, könne man eine neue Gesellschaft aufbauen. Er wollte gegen Not und Elend ankämpfen und allen Völkern der Welt ein auskömmliches Leben ermöglichen. Die bedächtige Weisheit jahrhundertelanger geschichtlicher Erfahrungen ließ er unbeachtet. Vielleicht ahnte er auch, daß er nicht mehr viel Zeit habe. Sein Ziel war eine geordnete Planwirtschaft, von einer zentralen Stelle – Moskau – aus geleitet. Aber wirtschaftliche Probleme waren vielleicht nicht die Stärke dieses begabten Theoretikers. Als er schließlich erkannte, daß der unentbehrliche Motor für das Gelingen

einer solchen Umwandlung eben doch vor allem das Selbstinteresse des Einzelnen sein würde, da war es für ihn schon zu spät.
Vieles hat er nicht so gewollt, wie es nachher geworden ist. Es war tragisch: bis zum Schluß erwartete er vom Durchbruch des Marxismus-Leninismus einen neuen Menschen – und die meisten Russen haben an ihn geglaubt und sich eine bessere Welt von seinen Gedanken erhofft.
»Lauter Licht, lauter Freiheit, lauter Vermögen«, sollen seine letzten Worte gewesen sein. Statt dessen kam etwas ganz anderes, und er hat ungewollt den Weg dafür bereitet. Es kam die Zeit Stalins.
Zunächst erkannte niemand Stalins Größe wahrhaft diabolischen Formats. Es wurde ein guter Sommer; Liesel schreibt beglückt von der ertragreichen Ernte, die man erwarten dürfe, von den Sonnenblumenfeldern, die sich im warmen Winde wiegten, und von ihrer frohen Erwartung auf das Kind. Sie schreibt von einer Dreschmaschine, die gemeinsam von der Kolchose angeschafft worden war, und wie leicht sich dadurch das Getreide verarbeiten lasse.
Bis zum letzten Erntetag half sie begeistert auf dem Dreschplatz mit. Es ging ihr gesundheitlich wunderbar gut. Die Ernte war besser als erwartet. Nun würden leichtere Zeiten eintreten.

Aber dann ging es Schlag auf Schlag: Stalin ordnete, energisch durchgreifend, die Enteignung jeglichen Privatbesitzes an. Kaum war die Ernte unter Dach und Fach, jag-

ten Milizionäre das junge Paar fristlos zum Hof hinaus. Wiederum war nur ein kleiner Planwagen mit den notwendigsten Habseligkeiten das einzige, was sie retten konnten.
»Eigentlich müßten wir das Verjagtwerden gewöhnt sein«, klagte Wanja, als beide in der Gegend umherirrten, um nach einer neuen Existenzmöglichkeit zu suchen.
Ein letztes Mal versuchte er, sich auf dem Gebietsamt Gehör zu verschaffen. Man erklärte ihm:
»Ihr waret Kapitalisten, Wanja Thiessen! Ihr waret Christen! Stalin befiehlt! Seid froh, wenn man euch nicht an die Wand stellt!«

Bei Liesel meldeten sich leise die ersten Vorwehen an. »Maria und Josef hatten bei ihrer Wanderung wenigstens ein Ziel!« seufzte sie. »Wir aber haben womöglich kein Dach über dem Kopf, wenn das Kind kommt und der Winter einbricht.«
»Ein Glück, daß das Wetter dies Jahr noch so mild ist«, entgegnete Wanja. »Man muß uns ein Quartier zuweisen. Die Russen sind kinderlieb – mach dir keine Sorgen!«
Im nächsten, ausgeplünderten Dorf fand sich ein leerstehendes Schulhaus. Der Dorfsowjet erlaubte der jungen Familie, die nächsten Wochen dort zu verbringen.

Wie alle leerstehenden Gebäude, so war auch das Schulhaus ohne Türen und Fenster, die Böden aufgerissen und alle Öfen gestohlen.
Unter den wenigen, noch verbliebenen Einwohnern suchte Wanja nach einer erfahrenen Babuschka, die der

jungen Mutter beistehen könne. Eine solche fand sich, und sie hatte das Herz auf dem rechten Fleck. Das war auch nötig. Denn obwohl Liesel manche Geburt von ferne miterlebt hatte, merkte sie doch bald, daß die ihrige besonders hart werden sollte. Endlich, nach vielen mühsamen Stunden, kam das Kind, ein Mädchen, zur Welt. Es war am 28. Oktober 1924.

Alle Kümmernis fiel von den jungen Eltern ab, als sie ihr gesundes Kind in Empfang nehmen durften. Nun werde ich in diesem unwirtlichen Landstrich doch noch Wurzeln schlagen können, dachte Liesel.

»Wie wollt ihr euer Kind denn heißen?« fragte die Babuschka freundlich.

»Es soll den Namen unserer alten Großmutter in Deutschland tragen«, erwiderte Liesel. »Sie geht auf achtzig zu, und wenn die Zeiten so düster bleiben, wird sie ihr Urenkelkind nie zu sehen bekommen. So soll sie wenigstens die Freude haben, eine kleine Magdalena bei uns zu wissen – falls sie je Nachricht erhält!«

Schon am nächsten Tag fuhr der erste Schneewind durch die nur notdürftig verklebten Fenster. Es wurde rasch kalt. Nirgends ließ sich ein brauchbarer Herd oder ein Ofen auftreiben. Wanja fabrizierte mit Steinen eine Feuerstelle.

Liesel, geschwächt von der schweren Geburt, begann zu husten und plötzlich auch hoch zu fiebern. Ein Arzt war nicht zu bekommen. Es war wohl eine Lungenentzündung. Bald konnte sie das Kind nicht mehr stillen, und obwohl die Babuschka alles tat, was in ihren Kräften

stand, fing auch das kleine Mädchen zu kränkeln an. Nach wenigen Wochen lag es eines Morgens leblos mit einem feinen, stillen Gesichtlein auf seinem Steppengrasbett.
»Es ist zu den Engeln in die Herrlichkeit geflogen, wo es hingehört«, sagte die Babuschka und weinte. »Was soll ein solch himmlisches Wesen auf unserer Erde voll Schrecken! Aber weiß Gott – so klein wie sie sind, sie gehen einem immer vom Herzen, sogar mir!«
Liesel fieberte zunächst noch so stark, daß ihr der Tod der kleinen Magdalena nicht sofort klar war. Und Wanja bangte um seine Frau, lief oft wie verzweifelt in der Stube auf und ab und rang um ihre Genesung. Ohne ihr Wissen legte er sein Kind in die russische Erde und dachte: Was ist das für eine Zeit, in der ein Vater nicht einmal ein Särglein zimmern kann, weil ordentliche Hölzer und Nägel fehlen.

Es dauerte bis in den strengen Winter hinein, ehe die Kranke wieder zu Kräften kam. Wanja wußte sie auf eine besondere Art zu trösten.
»Ich will mir daran genügen lassen, daß ich dich wieder gesund haben darf«, sagte er so überzeugend, daß Liesel inneren Halt darin fand. Sie dachte an ihre tapfere Großmutter, die mehreren Kindern die Augen hatte zudrücken müssen, sie erinnerte sich an den Tod ihrer Mutter Anna, die sieben Kinder allein zurücklassen mußte. Sie wollte geduldig und tapfer tragen, was ihr auferlegt war und ihrem Mann das Herz nicht noch schwerer machen. Ihr gesunder Optimismus gewann bald wieder ein Stück weit die Oberhand. Das war auch nötig. Denn das kommende Jahr wurde bitter schwer.

Das enge Zimmer in Dawlekanowo bei den Eltern blieb wiederum der einzige Ausweg. Die von Stalin als »Säuberung« bezeichneten Aktionen gegen alle Bauern nahmen grausame Ausmaße an. Und die Deutschstämmigen waren doppelt verhaßt. Statt besser wurde es jetzt schlimmer.

Es war Jakob Thiessen, der eines Morgens, nach einer unruhig durchwachten Nacht, entschlossen sagte:

»Ich muß erkennen, daß in diesem Lande, das jahrhundertelang unsere Heimat war, unseres Bleibens nicht länger sein kann. Auch wenn ich nun über siebzig Jahre alt bin – wir müssen fort, wir müssen auswandern.«

Fort, nur fort von hier!

> Ich gleite von Volk zu Volk wie ein
> Schatten und sitze still an jedermanns Seite.
> Keiner sieht mich, sie blicken einander an
> und nicken und wissen: Ich bin da.
> Mich kennen die Ungeborenen und die
> Toten, die Ersten und die Letzten. Ich bin
> der Hunger.
>
> *Laurence Binyan*

Auswandern – emigrieren, ja. Aber wie? Und wohin?
In größeren Abständen erfuhr Jakob Thiessen aus seiner ukrainischen Heimat, daß dort viele Auswanderungs- und auch Fluchtversuche in Gang gekommen waren.
Nach Deutschland konnte man nicht gehen. Der Versailler Vertrag hatte dort wirtschaftlich erdrückende Verhältnisse entstehen lassen. Auch hatte sich das deutsche Volk noch nicht von einer schweren Inflation erholt.
»Im Grunde ist ganz Europa durch den Krieg fast tödlich getroffen worden«, sagte Jakob Thiessen. »Nein, in Europa können wir nicht bleiben.«
Onkel Benjamin Unruh und sein Freund Abraham Friesen hatten, wie man in Erfahrung bringen konnte, Beziehungen nach Kanada geknüpft. Es gelang, die kanadische Regierung zu veranlassen, mennonitische Flüchtlinge aus Rußland aufzunehmen.
Doch woher sollten die unzähligen verarmten Menschen so viel Geld für eine Ausreise aufbringen? Schließlich erklärte sich die große kanadische Eisenbahngesellschaft »Canadian Pacific Railroad« bereit, die »Flüchtlinge« auf

moralische Bürgschaft hin zu transportieren; sie gab eine Million Dollar als Darlehen, was damals eine beträchtliche Summe war. Auch die Deutsche Reichsregierung brachte das Opfer mehrerer Millionen Reichsmark für die Rettung Rußlanddeutscher. Aber dies alles scheint im Blick auf die Massen, die Rußland verlassen wollten, nur wie ein Tropfen auf einen heißen Stein gewesen zu sein. In einem Brief, der trotz ungünstiger Zeitumstände nach Deutschland fand, schreibt Liesel:

Dawlekanowo, 3. Dez. 1925

... Die Eltern wollen nun endgültig nach Amerika. Sie sehen hier keine Zukunft mehr. Es ist schwer für sie. Unser Inventar wird alles verkauft werden. Trotzdem reicht das Fahrgeld nicht für uns alle, Wanja und ich können noch nicht sofort mit. Im Süden hat man ja viele Mennoniten anstandslos ziehen lassen und auch Kredite gegeben. Aber bei uns hier im Norden gibt es Scherereien um Scherereien. Auch werden wir laufend vertrieben, kaum, daß wir die Saat im Boden haben.
Sobald sich alles geklärt hat, bekommt Ihr Nachricht. Die genaue Zeit unserer Abfahrt können wir jetzt noch nicht sagen, weil die hiesigen Papiere alle mit unglaublichen Wuchergeldern losgekauft werden müssen. Außerdem sind im Augenblick die Wege unpassierbar. Wir haben heuer bis jetzt zu wenig Frost, und so bleiben unsere Pferde alle im Kot stecken. Es ist hart, aber durch den Morast können wir nicht einmal die paar Werst zu unseren Dienststellen gelangen.
Vorige Woche wären ja sowieso um ein Haar alle unsere Auswanderungspläne geplatzt. Papa Thiessen wurde zum Gebiets-

amt beordert. Hans vertritt, wie immer, Papas Stelle, denn bei solchem Wetter kann ein älterer Mensch kaum bis Ufa gelangen. Der Grund: alle ehemaligen »Reichen« sollen auf Stalins Befehl nach Sibirien verbannt werden.
Hans weigerte sich, Papa herauszugeben. Schließlich sagte er: »Ich verbürge mich für ihn.«
Als aber die Bauern und alle Leute in der Umgebung erfuhren, daß Hans in Verbannung kommen sollte, standen sie auf wie ein Mann. Es war ein richtiger großer Aufruhr. »Wir lassen es nicht zu, daß jemand von seiner Familie in Verbannung kommt«, riefen die Leute. »Wenn ihr das tut, bringen wir euch alle um.« Schließlich haben sie ihn dann tatsächlich losgesprochen.
... Inzwischen sucht Hans weiter um seine Papiere für eine Auswanderung nach. Aber er bekommt sie nicht. Neulich, als er wieder auf dem Gebietsamt war, höhnten sie und sagten, er könne doch auch, wie viele andere, über den Amur in die Mandschurei, er solle es doch versuchen, vielleicht werde er dort wieder reich ...«
Es geht auf Weihnachten zu. Heißt das nicht eigentlich: ›Friede auf Erden?‹ Das fehlt hier ganz. Als »Friedensgruß« rufen wir einander zu: ›Brüder, Schwestern, laßt den Mut nicht sinken! Werft Euer Vertrauen nicht weg!‹ ...

Ja, bis zum Ural war heimlich die Nachricht durchgesikkert, daß viele »Entkulakisierte«, d.h. vertriebene, freie Bauern aller Schichten und Konfessionen einzeln oder in Gruppen über den Amur zu fliehen versucht hatten. Einem mennonitischen Treck war es in der Tat gelungen, in einer eisigkalten, nebligen Winternacht bei über 50 Grad Frost mit 56 Schlitten über das Eis des Amurflusses in die

Mandschurei zu kommen. Unter unsäglichen Mühen sind diese Auswanderer dann nach Monaten, manchmal sogar erst nach Jahren, auf dem amerikanischen Kontinent angelangt.
In welch innere und äußere Not müssen Menschen geraten sein, wenn sie auf solche Fluchtwege verfallen!
Einigen Mitgliedern der großen Thiessenschen Familie gelang nun doch noch die Auswanderung nach Amerika. Aber dem einstigen »Ausbeuter« Jakob Thiessen und seinem Sohn Hans gab man keine Ausreisepapiere.

Liesel entschloß sich danach, allein wenigstens bis nach Deutschland zu gelangen. Sie hoffte, auf diese Weise ihren Mann leichter aus Rußland herausbekommen zu können.

Freilich, der Abschied von meinem Hansel, meinem Wanja, fällt mir unendlich schwer und ist mir wie ein Alpdruck. Habe ich doch schon zweimal die Erfahrung gemacht, daß, wenn man mal auseinander ist, man in diesen Zeiten nicht mehr so schnell zusammenkommt. Als ich das erste Mal aus Deutschland wegfuhr, dachte ich: Es ist für ein oder zwei Jahre! Nun sind es vierzehn. Als ich von Tante Frida wegging, dachte ich, es sei für zwei Monate, nun sind es zehn Jahre ...

Obwohl keine genauen Aufzeichnungen vorliegen, muß im folgenden Winter Mama Thiessen lebensgefährlich erkrankt sein.
Aus späteren Berichten ist ersichtlich, daß Liesel sie bis zu ihrem Tode in großer Treue pflegte. Dadurch war

eine Deutschlandreise nicht möglich. Und als das Frühjahr kam, erwartete Liesel wieder ein Kind. Sie schreibt:

Urter – Tau, 16.4.1926

Liebe Großmama!
Bevor das große Tauwetter eintritt, das uns wieder an die Arbeit treibt, werde ich noch schnell an Dich schreiben. Bis jetzt ist bei uns noch Winter. Schneestürme und Frost ohne Ende. Ja, der Winter war bitter, bitter kalt. Hans hat sich beim Holzfahren die Finger erfroren, er hat gar kein Gefühl mehr drin. Und Schnee, Schnee – so viel, daß manche kleine Hütte Mühe hatte, den Schornstein frei zu halten.
Trotzdem senden wir Dir herzliche Ostergrüße.
Wir haben gehört, daß Ostern bei Euch am 4. April schon war. Bei uns ist es erst am 2. Mai.
All unsere Gespräche drehen sich nur um Amerika. Es hält uns hier nichts mehr. Eine Reise nach Deutschland war mir bisher auch nicht möglich. Und nun erwarte ich wieder ein Kind. Bis Ende Juli. Frauen in Umständen lassen sie nicht fort. Wir könnten also frühestens im Oktober fahren. Aber wie machen wir es mit Papa, der keine Kälte mehr ertragen kann? Und uns von ihm trennen – das werden wir auf keinen Fall tun. Das Geld für die Pässe wird auch entsetzlich in die Höhe getrieben. Einige haben hohe Summen gegeben und trotzdem keine Pässe bekommen.
Es ist tatsächlich sehr gewagt, alles.
Gottes Hand und Finger reicht weiter als unser klares Denken und Rechnen. Wir vertrauen darauf, daß er unseren Weg zum Besten fügt . . .

Eure Liesel

Im Sommer wurde Liesel von einem Bübchen entbunden. Danach wurden die Ausreisepläne energischer denn je betrieben. Aber es wollte nicht gelingen, Pässe zu bekommen.
Ein Brief von Liesel schildert die Situation:

Dawlekanowo, 7. Dez. 1926

Lieber Bruder Heinrich, liebe unbekannte Schwägerin Friedl!
... Wo fange ich an, was schreibt eine Mutter zuerst?
Natürlich von unserem Kind. Jascha kam am 11. August auf die Welt. Er heißt nach seinem Großvater Thiessen. Jascha ist die russische Form von Jakob. Die Geburt war sehr schwer. Er war scheintot, aber mit Rütteln und Schütteln und kaltem Wasser brachten wir ihn zum Schreien.
Vier Tage nach der Geburt sollten wir wieder vertrieben werden und alles verlassen. Wegen der Niederkunft haben sie uns dann noch 14 Tage Aufschub gewährt.
Hans fährt gegenwärtig Wodka, 60 Werst hin und zurück. Zu dieser Arbeit wollen sie keine eingeborenen Russen nehmen. Diese sollen nicht zuverlässig genug sein mit Pantschen. Bei ordentlichem Wetter bleibt Hans vier Tage weg, bei schlechtem sechs. Er verdient 30–40 Rubel die Woche – aber davon geht das Futter für die Pferde ab. Und weil er fast nie zuhause ist, muß er sich auch unterwegs was zu essen kaufen. Es ist ein sehr saures Brot. An Kleider- und Wäschekauf dürfen wir noch lange nicht denken.
Wir waren alle beim Arzt wegen der Ausreise. Meine Lungen sind etwas angegriffen. Ich darf nicht mehr stillen. Unsere Schiffspapiere, Einreisepapiere, Garantie- und Kreditscheine

liegen fertig in Moskau. Es fehlen nur noch die Pässe von hier aus. Die sind schlecht zu bekommen. Mit hohen Bestechungsgeldern vielleicht. Aber dazu sind wir augenblicklich nicht in der Lage.
... Zwischendurch möchte ich aber doch noch ein wenig von unserem kleinen Jascha erzählen. Er ist ein süßes Kind, musikalisch, das merkt man schon jetzt. Und wohl auch sonst sehr begabt. Auch ist er ein tüchtiger Esser und gedeiht prächtig. Aber in welche Zukunft wird er hineinwachsen! Wir haben schon viel zusammen geweint, mein kleiner Jascha und ich.
Wie soll es weitergehen? Wir wissen es nicht. Wenn wir keine Pässe bekommen, wird uns wohl nichts anderes übrig bleiben, als nach Sibirien zu gehen und dort Land zu pachten. Hier plagt man sich, ohne einen Schritt weiterzukommen...

... Wie traurig sieht es jetzt auch in unseren Schulen aus! Wir hatten bisher eine Zentralschule. Nun ist eine Sowjetschule daraus geworden. Vor zwei Jahren hat man den Lehrern den Gang zum Gottesdienst vollständig verboten.
Prediger, Dirigenten und Chorsänger werden alle stellenlos entlassen. Im Korridor der Schule hängen Spottbilder über Gott und die Bibel. Die Kinder werden früh darüber orientiert, daß alles Sein und Werden ganz von selbst aus der Natur kommt. Es ist mir schrecklich, dabei an die Zukunft meines Kindes zu denken. Drum, wenn es doch noch einmal Pässe geben sollte, nur fort von hier, fort, fort!
Aber zunächst haben wir hier im Hause noch ein altes achtzigjähriges Onkelchen (Bruder von Jakob Thiessen). Bis letztes Jahr war das Onkelchen rüstig und hat uns geholfen und uns viel vom alten Rußland erzählt. Nun aber fühlt Onkelchen sein

Ende nahen, er sitzt ruhig zuhause und wartet auf die Ewigkeit. Seine stille Geduld ist ein Segen für uns.

Liebe Großmama, Du bist nun auch am achtzigsten Lebensjahr. Der Gedanke, Dich nie mehr zu sehen, schneidet mir ins Herz. Kannst Du Dich nochmals fotografieren lassen? Wir wollten es auch schon lange versuchen. Aber das eine Mal haben wir kein Geld, dann keine Kleider, und zum Schluß sind die Wege unpassierbar . . .
. . . Unser Ältester in der Gemeinde ist jetzt David Isaak aus Halbstadt. Ich kannte ihn noch, aber er hat sich nicht mehr an mich erinnert. Er hat uns viel vom Süden erzählt, dort ist es fast noch schlimmer zugegangen als bei uns. Wir kommen hin und wieder in den Häusern zusammen, wir brauchen diese Gemeinschaft sehr . . .

Onkelchen starb bald darauf. Vater Thiessen blieb weiterhin in der Familie. Wanja konnte ein Holzhaus erwerben und für die eigenen Wohnzwecke behaglich herrichten. *Es ist das erste ordentliche Quartier seit langem,* schreibt Liesel nach Deutschland, *wir sind dankbar dafür.*

Von einer Ausreise nach Kanada sprechen die Briefe nun nicht mehr. Sie war mißlungen. An Dingen, die nicht mehr zu ändern waren, hielt sich Jakob Thiessen nicht auf. In besonderem Maße widmete er sich in dieser notvollen Zeit seinem kleinen, aufgeweckten Enkel Jascha. Die beiden »Jakobs« waren bald unzertrennlich.
Wanja und Liesel hatten weiterhin in der Kolchose zu arbeiten. Aber sie erhielten ein Stück Waldwiese zugeteilt,

5 m breit und 40 m lang, wie eine ganz große, schmale Wohnstube. Sie sollen vor Freude über dieses kleine Stück Land geweint haben.
Die Verhältnisse wurden bedrängend. Stalin ließ alle Kirchen schließen; sie dienten jetzt als Getreidespeicher oder als Klubhäuser. Heimlich kam man in den Wohnungen zusammen.
Obwohl in Deutschland die Geschwister, vor allem der Bruder Heinrich und seine Frau Friedl, getreulich Pakete nach Rußland schickten, (die Inhaltsverzeichnisse sind noch vorhanden), scheint in jenem dunklen Jahr 1927 nichts an Ort und Stelle gelangt zu sein.
In einem weiteren Brief, der nach Deutschland fand, schildert Liesel anschaulich die Lage:

Dawlekanowo, November 1927

... Manchmal verstehen wir nicht, warum Gott uns solche Wege gehen heißt. Durch das unruhige Leben komme ich innerlich ganz aus dem Geleise. Mein Hansel ist da stabiler, überlegener und vertrauender. Darin ist er ganz sein Vater.
... Seit Jahr und Tag soll Dawlekanowo zur Stadt erklärt werden. Dann bekämen wir ein eigenes Gebietsamt. Ach, immer diese Vorstellungen und Versprechungen! Man glaubt nichts mehr. Jetzt sind auch wieder Plünderungen an der Tagesordnung, statt aufwärts geht es wieder abwärts.
... Hier ist eine Völkerwanderung ohne Zahl, Ihr könnt Euch solche Menschenströme nicht vorstellen. Einige wollen nach dem Süden, wieder andere kommen von dort und sagen, an der Wolga wäre es grauenhaft. Wieder andere ziehen weiter nach Sibirien

hinein. Züge von Menschen wallfahren zum Amur, nach der chinesischen Grenze. Alle wollen irgendwoanders ihr Glück finden. Jetzt gerade ist wieder der Kaukasus im Gespräch, weil es mit Kanada nur noch schlecht klappt. Kuba kommt auch dran. So wandern sie: Tataren, Juden, Mennoniten, Protestanten, Katholiken, Armenier, Ukrainer, Kirgisen – alles zieht, jagt, hastet, wandert, flieht, so daß es einem manchmal den Atem verschlägt. Ist solch eine Völkerwanderung ein Zeichen der Endzeit? Man gerät in solche Gedanken, wahrhaftig.

. . . Jetzt aber kommt mein kleiner Jascha dran. Er ist manchmal etwas unruhig, ich habe viele gestörte Nächte mit ihm. Vorige Woche fing er an, richtig zu gehen, das ist spät. Er ist ja jetzt schon 15 Monate. Aber er war im Frühjahr so schwer krank, drei Monate lang. Die rote Ruhr ging um. Wanja und ich standen zweimal an der Wiege und glaubten, unser Kind hergeben zu müssen. Er war nur noch ein ganz schlaffes Bündel im Steckkissen. Es war eine ernste Zeit. Gottlob ist er uns wieder geschenkt. Sprechen kann er schon sehr nett. Er ist ein lebensfroher, aufgeweckter, sehr musikalischer Junge und singt den halben Tag alle Kinderlieder nach, die unsere Mama uns noch lehrte und die ich mit ihm singe. Er ist unser Sonnenscheinchen, an dem wir uns täglich freuen. Daß uns vor drei Jahren ein Töchterchen geboren und wieder genommen wurde, habt Ihr vielleicht erfahren? Ich höre ja seit Jahren nichts mehr von Euch. Unserem Bübchen fehlt das Schwesterchen nun sehr als Spielkamerad.

Ein Jahr später, im Winter 1928 schreibt Liesel:

Dawlekanowo, 1. Dezember 1928

Meine lieben guten Geschwister, Dir Heinrich, und Dir unbekannte liebe Schwägerin Friedl!
Dank! Dank! Ein Paket von Euch ist nach Jahren angekommen. Ich weiß wohl, daß es nur ein kleiner Teil dessen ist, was Ihr schicktet. Aber immer, wenn die Not am schreiendsten war und man keine Kraft mehr fand, nach einem Ausweg zu suchen, kam durch Eure Sendungen wieder Hilfe und dadurch neuer Lebensmut. Ja, Not lehrt beten. Das haben wir erlebt. Ohne Euer Paket wären wir nicht durchgekommen, das ist nicht übertrieben. Not lehrt auch danken. Deshalb verzagen wir nicht. Jeder Sonnenstrahl bedeutet uns tiefe Freude, jeder gnädige Tag unendliches Glück. Jeder Abend, an dem wir einigermaßen satt werden, ist ein Geschenk für uns. Und wie fröhlich ist unser Kind trotz allem und wie strahlt es durch seine Lumpen!
Wir haben ein Stück Land bekommen – Gott sei gelobt. Wir wüßten sonst nicht, ob wir überleben könnten. Vielleicht dürfen wir eines Tages Kartoffeln davon ernten. Möge unsere Arbeit vor Diebstahl bewahrt und uns eine einigermaßen ordentliche Ernte davon geschenkt werden.
Ja, solche Gedanken kommen einem ununterbrochen, weil alle menschlichen Auswege versperrt sind.
Manchmal haben wir allen Mut verloren. Aber dann meinen wir wieder, zu erfahren, daß Gott uns weiterleben lassen will, weil er uns doch immer wieder etwas zu essen und zu trinken schenkt.
Ja, wenn es gilt, dann wird das Leben kostbar.
Im zurückliegenden Jahr war uns die Ernte nicht vor Oktober

erlaubt. Weil es dann bereits zu kalt war, ist ein großer Prozentsatz unserer Kartoffeln und des Getreides erfroren. Diese Kolchosenwirtschaft ist eine unglaubliche Schikane, da kann *ein Volk nicht mehr auf die Füße kommen!*
Außer Kartoffeln wächst hier alles sehr schlecht. Man muß Glück haben, wenn so etwas wie eine Ernte entsteht. Im vorigen Jahr ersetzten uns Rote Rüben das Brot. Ich habe die Rüben gekocht, auf dem Reibeisen gerieben, mit Malzkaffee vermischt (wenn ich welchen hatte) und in der Nähe der Heizstelle gegart, oder ganz in die Glut gegeben, denn einen Backofen gibt es bei uns ja schon lange nicht mehr. Ja, Not macht erfinderisch. Oft dachten wir dann: Dieses Brot ist nur dazu da, um den Hungertod hinauszuzögern. Denn wir bekamen heftige Leibschmerzen davon. Aber die Schmerzen des Hungers waren noch schlimmer. Und wenn die kamen, biß man trotzdem herzhaft hinein ...
Ich wünsche Euch ein gutes Neues Jahr, und daß Ihr eine bessere Ernte haben durftet als wir. Mit Schlitten mußte das Getreide heimgefahren werden und taugt nur noch als Hühnerfutter. Dadurch gehen die Bauern restlos bankrott, weil sie ihr Soll nicht erfüllen können. Ihnen allen droht Verbannung nach Sibirien. Die Ungerechtigkeit ist nicht zu fassen ...
... Als die vorige Woche begann, hatten wir sozusagen nichts. Kein Holz, keine Kartoffeln, kein Mehl, nichts. Aber nun ist die Woche um, und es ist doch wieder gegangen. An Kleider- und Wäschekauf ist nicht zu denken. Ein weiteres Paket von Euch ist angekündigt, aber ob es je ankommt? Ich traue niemandem hier mehr ...

Nach Sibirien verbannt

Man muß verzweifelt sein, um nicht zu verzweifeln.

Sören Kierkegaard

Wenige Monate später – es ging auf den Frühling des Jahres 1929 zu – wachte Wanja Thiessen eines Nachts an einem seltsam brenzligen Geruch auf. Als er das Fenster öffnete, sah er, daß Qualm aus der westlichen Seite des Hauses drang. Es war nicht die Seite, in welcher sich der Herd befand. Es brannte! In Sekundenschnelle erfaßte er den Vorgang, riß laut rufend den kleinen Jascha aus seinem Waschkorb und stürzte mit ihm ins Freie.

Es war höchste Zeit gewesen. Kaum konnte man noch die nötigsten Gegenstände und Lebensmittel aus den Fenstern werfen.

Der Kleine weinte in das Prasseln der Flammen. An ein sinnvolles Löschen war nicht mehr zu denken. Das in der letzten Zeit so behaglich gewordene Haus brannte vollständig nieder. War Brandstiftung im Spiel gewesen? Es war müßig, danach zu forschen.

Vorübergehend kam die Familie bei aufnahmewilligen und freundlichen Nachbarn unter. Schließlich, weil Liesel wieder ein Kind erwartete, gelang es Hans, ein frei gewordenes Holzhaus zu erwerben. Es lag ebenfalls in Dawlekanowo, nicht weit von dem kleinen, für ihr Überleben entscheidend wichtigen Grundstück.

Am 19. September 1929 wurde dann dem dreijährigen Jascha das ersehnte Brüderlein geboren. Es erhielt im Gedenken an seinen Großvater Muselmann den Vornamen David.
In jener Zeit stockte bereits wieder die Post von und nach Deutschland. Eine einzige offene, engbeschriebene Karte berichtete von Liesels Ergehen. Geschlossene Briefe erreichten damals kaum mehr ihr Ziel.
Wir sind gottlob alle gesund und haben einigermaßen unser tägliches Brot. Unser kleiner David ist ein frohes, munteres Bürschlein und ruft bereits fleißig: »Mamamama.« Wir haben viel Freude an ihm, vor allem Jascha. Wanja findet auch immer wieder etwas Arbeit ...

Dies waren Liesels letzte Zeilen vom Ural nach Deutschland. Die Zeit des Stalinismus war unheimlich. Täglich hörte man, daß der »schwarze Rabe«, ein Gefangenenwagen, in der Nacht wieder irgendeine Bauernfamilie nach Sibirien mitgenommen habe. Da es in der Gegend kaum Autos gab, zitterte Liesel immer, wenn sie nachts Motorengeräusch hörte.
»Ja, jetzt werden auch wir bald drankommen!« seufzte Wanja. »Wenn sie uns holen, tun sie es, solange der Boden noch einigermaßen gefroren ist. Machen wir uns also bereit!«
Proviantsäcke wurden gepackt. Es durfte nicht zu viel sein, denn die Kontrolle war scharf, das wußte man.

In der Nacht vom 1. auf 2. März 1931 hielt der Wagen vor dem Thiessenschen Haus. Wanja und Elisabeth Thiessen

sollten mit ihren Kindern nach Sibirien abtransportiert werden.
»Rührt mir aber meinen Vater nicht an!« befahl stolz der erbitterte Sohn. Er war ein tapferer und kampferfahrener Mann.
»Lohnt nicht mehr!« spotteten die Brigadiere. »Soll bei seiner Tochter bleiben, die lassen wir ihm.«
Man hatte bereits erfahren, wie die Verschleppung vor sich ging. Der Gefangenenwagen fuhr bis Ufa, zum Bahnhof. Dort wurde man zum Appell kommandiert und dann in Viehwagen gestopft.
Während die jungen Leute ihre wenigen Habseligkeiten im Wagen verstauten, stand Jakob Thiessen unter der Haustür. Er stand aufrecht, wortlos und still. Das Schicksal hatte ihn weder hart gemacht, noch hatte es ihn zerbrochen. Sein innerer Blick schien über die Vorläufigkeit dieser Weltzeit hinausgerichtet. Auch wollte er den Seinigen den Abschied keinesfalls noch schwerer machen, als er ohnedies schon war. Vielleicht dauerte die Verschickung auch nur ein paar Monate. Es war undenkbar, daß ein Staatswesen auf die Dauer eine solche Mißwirtschaft überstehen konnte.
»Bog s wami!« sagte er ernst. »Behüt Euch Gott!«
Verzweifelt nahm Liesel ihre beiden schlaftrunkenen Buben auf die Arme:
»Vater, hält Gott seine Verheißungen?«
»Er hält sie gewiß!«
»Ich kann es nicht mehr glauben!«
»Verlaß dich dennoch darauf; trotz aller Rätsel, mein Kind!«

»Aber seine Gedanken und Wege sind wohl sehr viel anders als die unsrigen?«
Jakob Thiessen schwieg. Seine kräftige, arbeitsgewohnte Hand strich segnend über das Haar der beiden wieder fest eingeschlafenen Enkel. Dabei zitterte sie kaum merklich.
Der Wagen verschwand im Dunkel. Einsam blieb der alte Mann zurück. Wie lange würde es noch dauern, bis die Morgenröte sich zeigte?
»Weil denn die Last nicht leichter wird, so gib uns stärkere Schultern, Herr!« flehte er unhörbar.
Er wußte nicht (und hat es nie erfahren), daß in dieser Nacht im weiten russischen Land ein kleiner Junge geboren wurde. Er hieß Michail Gorbatschow. –

Zögernd lösten sich die fernen Berge des Ural aus der Dämmerung. Abschiednehmend grüßten Birken, Tannen und Kiefernwälder den Davoneilenden zu.
Bald waren sie nicht mehr allein. An der Verladestelle in Ufa stand bereits eine Schlange von Menschen zur Abfertigung bereit.
Sechs Tage und sechs Nächte war die Familie unterwegs. Der dichtbesetzte Güterwagen rollte und rollte. Jascha und David waren die kleinsten Kinder darin, sie waren aber, trotz der schwierigen Umstände, sehr lieb und brachten in ihrer Unbefangenheit manch hilfreichen Sonnenstrahl der Erheiterung in die düstere, verbitterte Stimmung im Waggon. Zwischendurch gab es überlange Aufenthalte, und der wißbegierige fünfjährige Jascha stellte unermüdlich Fragen, die man ihm durchaus nicht immer zufriedenstellend beantworten konnte.

Das Reiseziel war, wie man nachträglich erfuhr, Anschero-Sudschenk, ein aufstrebender Industrieort, der in den Tagen von Wanjas Ankunft zur Stadt erklärt wurde. Er liegt am Rande der Taiga, zwischen Nowosibirsk und Krasnojarsk, nicht allzu weit von der Grenze zur Mongolei, auf einem Breitengrad wie etwa Hamburg, jedoch mit strengem Kontinentalklima. Hier wurde vor allem Steinkohlebergbau betrieben, eine harte Arbeit, zu der man viele Leute brauchte. Auch Grubenausrüstungen wurden hergestellt.
»Ich muß dem Lande die Sporen geben«, hatte Stalin gesagt. In dieser Gegend spürte man bereits etwas von der sich aufwärts entwickelnden Technisierung. Die zahlreichen Verbannten arbeiteten nicht ohne sichtbaren Erfolg.

Man stand am Beginn der guten Jahreszeit. Die Tage wurden merklich länger, und so zeigte sich das asiatische Sibirien den Ankömmlingen zunächst gar nicht so schrecklich, wie sie sich das zuvor ausgemalt hatten.
Hans allerdings wurde sofort festgenommen und eingekerkert. Man hatte damit rechnen müssen. Der Haß auf deutsche Landwirte war furchtbar gewachsen.
Liesel, zunächst fast betäubt vor innerer Empörung, kam mit ihren Kindern in ein Lager und hatte dort bei der Lagerverpflegung mitzuarbeiten.
Den kleinen, allseits beliebten David konnte sie während der Arbeit bei sich haben. Der wendige, kräftige Jascha aber entwischte ihr immer wieder. Da jedoch das Lager umzäunt war, machte sie sich keine Sorgen um ihn, zumal immer jemand um den Weg war.

Eines Tages jedoch blieb Jascha, trotz eifrigen Suchens aller Lagerinsassen, bis in den Abend hinein verschwunden. Es war ein fast heißer Sommertag, und nach der Arbeit lief Liesel den Lagerzaun entlang, um nach einem Loch zu suchen, durch das er entschlüpft sein könnte. Und tatsächlich fand sich ein schadhafter Draht, durch den ein Kind gut hindurchzukriechen vermochte.
Sollte sie zur Lagerleitung gehen? Aber man hatte noch nie gute Erfahrungen mit diesen auf Unmenschlichkeit getrimmten Leuten gemacht.
In ihrer Verzweiflung rief sie leise einen am Zaun vorübergehenden Russen an. Man unterschied in jener Zeit zwischen »Menschen« und »Sowjets«. Dieser hatte ein gutmütiges Gesicht, er begab sich bereitwillig auf die Suche. Tatsächlich fand er den kleinen Jungen auch bald, selig in einer Ackermulde schlafend. Jauchzend krabbelte das Kind durch das Loch zurück, als er die Mutter sehnsüchtig wartend am Zaun erblickte.
»Ich habe nichts, was ich als Lohn geben könnte, Genosse«, flüsterte Liesel dem freundlichen Russen zu.
Der schüttelte lächelnd den Kopf.
»Sei froh, daß ich das Kind nicht behielt. Es ist ein wunderbarer Junge!«

Als Wanja nach mehreren Wochen aus der Haft entlassen wurde, war er durch die lange Dunkelheit in dem feuchten Kellerloch zunächst erblindet. Auch gesundheitlich und nervlich hatte er schwer gelitten. Ob er gefoltert wurde, ist nicht verbürgt. Er vermochte nicht viel über diese furchtbaren Wochen auszusagen, es war ihm gewiß unmöglich, in erzählendem Plauderton von solchen Abgründen der Unmenschlichkeit zu sprechen. Viele seiner Leidensgenossen wurden gefoltert und erholten sich nie mehr. Sie gehörten zu den sechs Millionen Menschen, die zwischen 1931 und 1934 durch Hunger und Zwangsmaßnahmen umgekommen sind.

Die Familie erhielt ein kümmerliches Quartier, aus dem sie aber auch bald wieder vertrieben wurde. Heimatlosigkeit, Hunger und unvorstellbare Armut waren in der Zeit ihres beginnenden Sibirienaufenthaltes die ständigen Begleiter.
Nach Deutschland gelangten nun keine Briefe mehr. Jedoch ist ein Brief von Liesel an ihre nach Kanada ausgewanderte Schwägerin erhalten. Er entstammt ihrer ersten Sibirienzeit.
Es ist ein zutiefst bewegender Brief.

Anscherka (Vorort von Anschero-Sudschenk)
Weihnachten 1931

Liebe Schwägerin Greta!
... Deine fünf Dollar als Weihnachtsgeschenk sind angekommen. Gott möge es dir lohnen!
Sollte dieser Brief je sein Ziel erreichen, antworte mir, damit ich weiß, ob überhaupt irgendwann etwas ankommt.
... Nun muß ich noch berichten, daß Jascha sehr krank wurde. Vermutlich waren es die Masern. Er verlangte sehr nach seinem Großvater Jakob, der doch so weit fort war. Am Abend nickte er mir fröhlich zu, und dann dem Davidchen. Er hatte solch leuchtende Bäckchen und Augen.

Schließlich stand er in seinem Bettchen auf, klatschte in die Hände und schaute nach oben, als würde er dort etwas Wunderbares entdecken. Er hatte sich immer so sehr eine Trommel gewünscht. Dann jauchzte er, jauchzte und jauchzte überlaut und fiel nach einigen Minuten plötzlich um.
Augen und Lippen schlossen sich für immer.
Am nächsten Tag, als es dunkel geworden war, betteten wir unser Kind zur letzten Ruhe. Hans ist inzwischen erblindet. Und die anderen deutschen Männer sind alle auf Arbeit. Die Tataren sind abergläubisch und denken gleich an die Pest. Ich hatte überhaupt keine Hilfe und gab mein Kind unter vielen Tränen in die sibirische Erde.
Jascha war etwas über fünf Jahre alt, ein herrliches Kind.
Am anderen Tag lag das liebe, liebe Davidchen voll roter Flekken. Er sah aber sonst gar nicht krank aus. Er war lustig und vergnügt. Aber auch dieses besonders geduldige und fröhliche Kind mußte nach einer Woche, abends um elf Uhr sterben, es war zwei Jahre alt.
Es ist schwer für Eltern, innerhalb weniger Tage zwei in ihren Anlagen so prächtige Kinder hergeben zu müssen und nun kinderlos dazustehen. Vor allem Wanja muß mit seiner Blindheit ohne die Freude und Zärtlichkeit der Kinder weiterleben. Es ist hart. Es ist hart.
Aber der glückliche Ausdruck in Jaschas lieblichem Kindergesicht, als er den Himmel offen sah, tröstet mich. Ich höre sein Jauchzen in mir. Bis April erwarte ich wieder ein Kind...

Weder Briefe noch Pakete gelangten damals nach Asien. Die deutschen Geschwister bemühten sich nach Kräften. Aber wie oft war ihr Einsatz vergeblich!

Wanja erholte sich nur schwer. Oft war er ganz verzweifelt. Alles Vertrauen war ihm abhanden gekommen. Wie nötig war für ihn jetzt Liesels tapfere, optimistische Art! »Das Kind, das ich erwarte, braucht eine fröhliche Mutter, sonst kann es den Lebenskampf nicht bestehen«, sagte sie sich und versuchte damit immer wieder, ihren bedrückten Mann aufzurichten.
Der tapfere Wanja, was war aus ihm geworden! Und so wie ihm erging es Hunderttausenden!

Der alte Vater Thiessen übernahm nun die Vermittlerrolle, sozusagen die Umschlagstation für Brief- und Paketsendungen. Denn in den europäischen Teil Rußlands kam immer wieder einmal eine Nachricht, sowohl von Sibirien als auch von Deutschland.
Jakob Thiessen schreibt:

Dawlekanowo, 13.5. 1932

Laß mich nicht zuschanden werden, denn ich traue auf dich.
Ps. 25/20
Gott zum Gruß, lieber Neffe Heinrich und liebe Nichte Friedl Muselmann!
... Die von Ihnen angekündigten Pakete sind leider noch nicht angekommen. Von meinem Bruder aus Kanada erhielt ich dieser Tage vier Pakete. Sie waren vier Monate unterwegs.
Die Weiterbeförderung Ihrer Briefe und Paketsendungen zu Hans und Liesel übernehme ich gerne. Aber es ist schwer. Man darf nur Kisten nach Sibirien verschicken, und hier gibt es weder Bretter noch Nägel.

Es ist ganz ausgeschlossen, daß Hans aus der Verbannung entlassen wird. Vielleicht aber können wir die liebe, arme Liesel für einige Monate zu uns kommen lassen. Ich habe gestern deshalb eine Eingabe bei der Behörde gemacht. Möge Gott doch die Herzen der Behörden lenken!

Für Frauen ist die Gefangenschaft sehr hart. Außerdem haben wir von Liesel gehört, daß sie im April wieder von einem Bübchen entbunden wurde. Sie nannten es Eitelfritz. Die Geburt war, wie immer bei Liesel, sehr schwer. Aber sie freute sich so sehr, wieder ein Kind zu haben.

Jedoch nach acht Tagen bekam Liesel das dort grassierende Fleckfieber. Zunächst wollte keine Hilfe anschlagen. Hans brachte das viele Geld für den Arzt nicht rasch genug auf. Seine Augen sind zwar jetzt besser, aber er kann noch keine anspruchsvolle Arbeit tun, deshalb ist sein Verdienst klein. Wir schickten sofort Geld, aber es kam überhaupt nichts an.

Der Ansteckung halber mußte Liesel dann doch ins Krankenhaus gebracht werden. Dort verlangte man 20 Rubel pro Tag. Hans hatte nicht mal das Geld für den Fuhrmann ins Krankenhaus. Schließlich fand er einen, der Liesel um Brot dorthin brachte.

Dafür war Hans dann tagelang ohne Nahrung. Das Kind fiel der Mutter vor Schwäche aus den Armen. Sie war zu Tode erschöpft.

Nach sechs Wochen starb der Kleine.

Es ist ein Elend. Bei allem Unglück ist auf den Behörden auch überall solch eine Schluderei.

NS. Gestern erhielten wir die Nachricht, daß Liesel wieder außer Lebensgefahr ist. Wir danken Gott, daß er sie ihrem Mann erhalten hat.

Wir werden die Hoffnung nicht verlieren, daß auch wir wieder besseren Zeiten entgegen gehen.
NS. Soeben brachte die Post eines Ihrer vier angekündigten Pakete. Wie glücklich werden die Kinder sein! Aber mein Briefpapier sieht traurig aus. Hier bekommt man nirgends welches. Wir suchen nach alten Kassenbüchern, um die weniger beschriebenen Seiten herauszureißen.
Ich wünsche Ihnen den Frieden Gottes!

Ihr Jakob Thiessen

Inzwischen begann sich in Deutschland, ohne daß der Großteil des Volkes eine Gefahr ahnte, eine Wandlung anzubahnen, die ebenfalls bis in Liesels Leben hineinwirken sollte: die Partei der Nationalsozialisten unter ihrem Führer Adolf Hitler bekam bei der Wahl im Jahre 1930 bereits 107 Sitze im Deutschen Reichstag. Der Schriftsteller Thomas Mann sagte in einer Rede damals:
»Diese Wahl sei uns eine Mahnung, eine Warnung, *ein Sturmzeichen,* daß einem Volke nicht auf beliebige Zeit zugemutet werden kann, was dem deutschen in der Tat zugemutet worden ist – ohne aus seinem Seelenzustand eine Weltgefahr zu machen.«
Es sollte nur eine Handvoll Jahre dauern, bis seine Worte Wahrheit wurden.

In Rußland kämpften die Menschen, sowohl diesseits als auch jenseits des Urals, in jenen Jahren immer noch ums Überleben. So schreibt Jakob Thiessen am

8. Juni 1932

Ich will hoffen auf den Herrn, der sein Antlitz verborgen hat vor dem Hause Jakob. (Jes. 8, 17)
Gott grüße Euch alle, liebe unbekannte Verwandte in der Ferne! Soeben bekomme ich einen Brief von Liesel, daß sie von unseren Kindern in Kanada so viel Geld bekommen habe, daß sie sich zwei Pfund Mehl kaufen kann. Ihr Glück ist groß. Liesel klagt dann noch über geschwollene Beine, eine Folge des Flecktyphus. Der behandelnde Arzt rät zu kräftiger Kost, etwa Kartoffeln und Sauerkraut. Aber beides ist unerschwinglich. Kartoffeln haben sie schon lange keine mehr. Den Tod ihres Bübchens verwindet Liesel nur schwer.
Die Armen müssen oft umziehen. Kaum haben sie sich etwas angeschafft, jagt man sie weiter.
Ich habe außer Liesel noch zwei Töchter in ähnlichem Elend. Ihre Ehemänner sind ebenfalls arrestiert. Dem jüngsten Sohn wurden 30 Preol Getreide auferlegt, die er nicht hatte, weil er sich in den letzten Jahren überhaupt nicht mit Getreidebau beschäftigte. Wenn man, wie diese jungen Menschen, nur von der Hand in den Mund leben muß, kann man nicht auch noch Getreide für andere bauen.
Wie solche Dinge bei uns enden sollen, ist nicht abzusehen. Von meiner dritten Tochter habe ich nun schon seit vier Monaten keine Nachricht. Was das bedeuten soll, weiß ich nicht – Wenn ein Sterbe- oder Unglücksfall vorläge, würden Bekannte oder Verwandte oder mennonitische Gemeindeglieder uns benachrichtigen. Sie sehen, ich bin unruhig und voller Sorge.
Sie fragen wegen Kleidern. Bei uns sind keine zu kaufen. Es wird uns hart, um etwas zu fragen, das man als Unterwäsche

benützen könnte. Aber bei unseren Umständen müssen wir manches tun, wogegen sich unser Charakter und unsere Herkunft sträubt. Wir wissen auch, daß alles so umständlich zu schicken ist und so viel Zollgebühr kostet. Deshalb wage ich kaum darum zu bitten ...

Schon kurze Zeit später folgt ein weiterer, aufschlußreicher Brief des alten Vaters:

26.7.32

Herr, ich habe dir meine Sache übergeben. (Jeremia 11, 20)
Meine liebe Nichte Friedl!
Mit Vergnügen gehe ich an die Beantwortung Ihrer Post, zumal wirklich alle Pakete und Briefe angekommen sind und bereits in die Hände der Kinder gelangten. Es hat ihnen so sehr gut getan. Liesel bat mich, den Empfang zu bestätigen. Sie hat augenblicklich das Geld nicht für das Porto eines ausländischen Briefes, und wenn er dann doch nicht ankäme, wäre es zu bitter.
Liesel läßt Ihnen mitteilen, daß sie zur Zeit beide wohlauf sind. Sie schreibt, wenn Gott ihr genügend Kraft und Gesundheit schenke, wolle sie ab 1. August im Schacht (Kohlebergwerk) arbeiten, weil man dort ein bißchen mehr verdiene. Mir ist es unverständlich, wie sie dort als Frau arbeiten will. Man weiß doch, daß Schachtarbeit eine harte, schmutzige Arbeit für starke Männer ist. Möge Liesel doch keinen Schaden dabei erleiden, ich sorge mich um sie.
Bei uns erwartet man dieses Jahr erstmals wieder eine gute Ernte. Es reift auch vollends recht ordentlich heran, alles.
Gottes Segen und Frieden mit Ihnen allen!

Ihr Jakob Thiessen

Ein halbes Jahr später, im Jahr 1933, ereignete sich in Deutschland die nationalsozialistische Machtergreifung. Der Graben zwischen den beiden Völkern Deutschland und Rußland vertiefte sich. Es ist fast ein Wunder, daß zum Jahresende noch einmal ein schriftliches Lebenszeichen von Liesel zum Bruder Heinrich fand.
Es gelangte über Jakob Thiessen nach Deutschland und war ihre letzte schriftliche Nachricht.

Anscherka, 16.12.33

... Jahre sind vergangen, seit ich von Euch hörte. Alles ist stumm. Es möchte wohl sein, daß Ihr ohne meine Adresse seid, weil wir so viel umziehen mußten. Ich lege sie Euch bei.
... Der Magen meines Mannes hat durch die schwierige Ernährung und den Hunger der letzten Jahre schweren Schaden gelitten. Ich mache ihm das Essen so vorsichtig wie ich kann. Aber ohne Soda (Triebmittel) wird das Brot nicht locker genug. Hier gibt es nichts, auch keine Hefe. Sauerteig will nicht gelingen. Fast die ganze Nacht geht Wanja auf und ab und stöhnt vor Schmerzen. Dabei hat er schwere Arbeit im Schacht.
... Im Oktober ging ich für Lohn Kartoffeln ausgraben. Es war fast wie zuhause, und ich fühlte mich so gesund und frisch. Ach, wie will der Mensch da gleich wieder leben, streben und vorwärtskommen und an eine gute Zukunft glauben, kaum, daß er die Nase aus dem Bett strecken kann! Ich war wieder so voll neuer Zuversicht. Wir freuten uns auf die Aussicht, Kartoffeln zu bekommen, wie es uns fest versprochen war war.
Aber genau wie in den letzten Jahren auch, hat man uns wieder betrogen. Wir sind keine freien Menschen. Trotz fleißigster Ar-

beit von früh bis spät können wir uns kaum ernähren. Und wo will man sein Recht einklagen? Wir sind Entrechtete, Gefangene.
... Der Winter ist sehr streng heuer. Wir hatten bereits 53 Grad Frost. Und ein scharfer Wind dabei. Aber wir bekommen Kohlen vom Schacht, so daß wir nicht zu frieren brauchen, wenn wir zuhause sind. Das ist schon viel.
... Inzwischen sind Eure Pakete angekommen. Sie haben uns wieder einmal das Leben gerettet. Wir haben uns damit satt essen können. Das konnten wir in den letzten 15 Jahren nur selten sagen. Man hatte sich geradezu an das Hungern gewöhnt...

Mehr und mehr senkte sich Schweigen über das große Land im Osten. Es war eine Ruhe, die als Zeichen der Stärke ausgelegt wurde, aber doch nur die Schwäche von Partei und System verdecken mußte.
War es eine Friedhofsruhe? Liesels Geschwister in Deutschland machten sich viele Gedanken darüber, als sie überhaupt kein Echo mehr auf Pakete und Briefe erhielten. Die Freude war groß, als nach zwei Jahren noch einmal ein Lebenszeichen von Jakob Thiessen in Deutschland ankam, das verhältnismäßig gute Nachrichten vermittelte.

Dawlekanowo, 6. 2. 1935

... Es geht ihnen jetzt besser...
... Hans wurde an einen anderen Schacht versetzt, der höher bezahlt ist. Sein Gehalt reicht aus. Dennoch bezweifle ich, ob die beiden sich jeden Tag satt essen können. Hans sollte beispielsweise einen neuen Bezug auf seinen Pelz haben. Auch wenn sie das Billigste kaufen, bleiben ihnen nur noch 15 Rubel für den ganzen Monat. Liesel war deshalb noch zusätzlich in einem Geschäft

tätig, in welchem Gemüse eingesalzen wurde. Die Arbeit war aber zu schwer für sie.
Für mich selbst ist viel Lob und Dank in den vergangenen Jahren! Seit einem Jahr geht es mir gesundheitlich so gut, wie schon lange nicht mehr. Und das mit über 80 Jahren! Ich danke täglich für diese Gnade. Ich kann Arbeiten verrichten, an die ich in den vorigen Jahren überhaupt nicht denken durfte. Meine Schwiegersöhne sind aus der Haft entlassen. Wenn es die Witterung erlaubt, bin ich bald bei dieser, bald bei jener meiner Töchter. Wenn Hans und Liesel auch hier sein könnten, so wäre meine Freude vollkommen. Und bei Liesel wäre ich nicht am seltensten. Sie konnte so wunderbare Pfannkuchen backen. Sie brachte auch immer einen Geschmack an alle Dinge und verstand es so einzurichten, wie ich es gerne habe.
Ich wünsche Euch allen das beste Wohlergehen. Empfanget herzliche Grüße. Falls der Brief ankommen sollte, schreibt umgehend. Gott erhalte uns alle in seiner Gnade.

Jakob Thiessen.

Im Jahr 1934 war in Sibirien die Brotrationierung aufgehoben worden. Bald trat Stalins zweiter Fünfjahresplan in Kraft. Dem Völkerbund war die Sowjetunion auch beigetreten. Man konnte von außen nicht ahnen, welche furchtbaren Vorgänge sich hinter Stalins »Säuberungsaktionen« verbargen. Vater Thiessen hätte vielleicht in jenen Jahren gesagt: »Mütterchen Rußland, nun wirst du zur großen Märtyrerin der Geschichte, indes alle um dich herum laut schreiend rufen: ›Nun, Genossen, ist das Leben besser, ist das Leben heller...‹

Nachdem über Jahre hinweg keine Nachricht mehr von der Schwester und vom Großvater kam, mußten die Geschwister in Deutschland damit rechnen, daß die ganze Familie jenen merkwürdigen »Säuberungsaktionen« Stalins zum Opfer gefallen war.
Gewissenhaft verwahrte der Bruder Heinrich alle vorhandenen Briefe, nahm schließlich einen großen Umschlag und schrieb darauf:

Elisabeth Thiessen, geb. Muselmann, 1897–1935 – Geschichte eines Waisenkindes.

Als er den Umschlag nach weiterem jahrelangem Zögern schließlich auf dem Speicher seines Wohnhauses ablegte, erschienen ihm diese Worte wie eine Grabinschrift.

»Mama, wir gehen alle, und du bleibst allein zurück.«

Die ganze schreckliche Wahrheit über Stalin und seine Epoche ist noch nicht gesagt. Am schlimmsten ist die Halbwahrheit oder das Verschweigen, das auch eine Lüge ist.

Andrej Sacharow

»Es geht ihnen jetzt besser!«
An dieses Wort von Jakob Thiessen wird man sich zunächst halten dürfen, wenn man nun in Gedanken die beiden jungen Leute in ihrer sibirischen Verbannung weiterhin aufsucht.
Als Hans und Liesel begreifen lernten, daß kein Weg mehr in die alte Heimat zurückführe, begannen sie sich in die Verhältnisse zu schicken.
»Was man nicht ändern kann, muß man annehmen!« sagten sie zueinander.
Liesel hatte sich erstaunlich gut erholt, beide fanden Arbeit und damit bescheidenen Verdienst. Gegen den langen, eisigen Winter lernten sie sich schützen, auch wenn sie zuweilen abends auf das Dach ihrer Lemjanka (Lehmhütte) steigen mußten, um den Schornstein für die bissig kalte Nacht abzudecken. Immerhin konnten sie vom Bergwerk, in welchem sie arbeiteten, Kohlen bekommen.
Beide bewahrten eine innige und achtungsvolle Liebe füreinander, die ihren Alltag trotz der Arbeitsfron mit Lebendigkeit und sogar mit Poesie erfüllte. Wanja war zwar

immer wieder einmal verzweifelt über die Aussichtslosigkeit seiner Lage, aber Liesel wußte ihn stets aufzurichten und ihn mit irgendeiner Kleinigkeit zu erfreuen.

Allmählich entwickelte sich Sibirien. Eine Straße wurde gebaut. Die Städte vergrößerten sich zaghaft. Stalins Aufbauwille zeigte sich in diesem an Bodenschätzen reichen Landstrich besonders deutlich.
Den Sommer 1937 behielt Liesel in guter Erinnerung. Endlich hatte Wanja ein Nahziel erreicht: er konnte ein hübsches Holzhaus bauen. Man durfte der Lehmhütte Lebewohl sagen. Noch ehe Fenster, Türen und Fußböden fertig waren, zog das Paar ins Häuschen ein.
Die »Datscha« war zwar, an deutschen Verhältnissen gemessen, einfach, sie hatte nur drei Räume, aber sie versprach heimelig zu werden und duftete wunderbar nach Harz und Holz.
Liesels 40. Geburtstag an einem langen, heißen und mükkenreichen Hochsommertag war von besonderer Freude durchleuchtet: trotz vorgeschrittener Jahre erwartete sie wieder ein Kind, und die beiden Eheleute empfanden dies Geschenk als einen hoffnungsvollen Neuanfang nach unendlich vielen Leidensprüfungen.

Unterdessen brütete Stalin, hinter geheimnisvollen Kremlmauern fast mystisch verborgen, weitere Säuberungsaktionen und Schauprozesse aus. Das Jahr 1937 ging als das »schwarze Jahr« in die russische Geschichte ein.
Manchmal, wenn Liesel an jenen Sommerabenden in ihrem langen schmalen Garten hinter dem Haus hackte und

jätete, überfiel sie, neben aller Vorfreude auf das Kind, die Ahnung kommenden Unheils. Wanja spürte ihre Ängste und versuchte, sie davon abzulenken.
»Es gehört zu deinem Zustand, daß du dir Sorgen machst«, scherzte er. Aber die sich häufenden, völlig unbegründeten Verhaftungen machten ihn ebenfalls unruhiger, als er nach außen hin zeigte.

Es kam der Herbst. Die Tage wurden kürzer. Und wie dunkel können die Nächte in Sibirien sein, wenn keine Sterne wachen! Immer wieder fehlte morgens jemand bei der Arbeit, man munkelte mit vorgehaltener Hand erschreckende Dinge über sein nächtliches Verschwinden. Wanja richtete sich heimlich einen Brotsack und warme Kleidung. Vielleicht mußte man fliehen.

In einer Novembernacht – Liesel war im 6. Monat ihrer Schwangerschaft – fielen Milizionäre in das noch nicht mit Riegeln versehene, unfertige Haus ein und riefen:
»Wanja Thiessen heraus!«
Wanja holte Proviant und Kleidung aus seinem Versteck. Die Polizisten nahmen ihn in ihre Mitte.
»Ihr braucht mich nicht zu fesseln«, sagte er stolz. Dann wandte er sich noch einmal zu seiner Frau um. »Erziehe unser Kind gut!«
Das war alles, was er ihr zum Abschied sagen konnte. Seine Augen umfaßten sie mit einem unendlich liebevollen, zugleich aber auch tiefernsten Blick. Dann verschwand er mit seinen Begleitern in der sibirischen Nacht. Liesel brauchte lange, bis sie diesen Blick verstehen lernte.

Abend für Abend, wenn sie von der Arbeit zurückkam, suchte sie schon von weitem nach einem Lichtschimmer in ihrem Haus. Dies würde ein Zeichen dafür sein, daß Wanja heimgekommen war. Aber es blieb jeden Tag dunkel. Weihnachten nahte – und ging vorüber. Es kam die Stunde der Niederkunft. Aber alles blieb totenstill.

Diese ihre letzte Geburt ließ sich wiederum sehr schwer an. Man brauchte ärztliche Hilfe. Die medizinische Versorgung war inzwischen ausreichend. Eine junge, tüchtige Ärztin stand der Mutter bei; sie ließ sich auch gerne die Vorgeschichte dieses Lebens erzählen. Als es ernst wurde, fragte sie:
»Weil es denn wieder einmal auf Leben und Tod geht – wen sollen wir retten, die Mutter oder das Kind?«
»Wir müssen die Mutter retten«, erwiderte Liesel, »denn ohne sie wäre das Kind auf alle Fälle verloren. Vielleicht dürfen beide heimgehen...«
Wunderbarerweise blieb beider Leben erhalten.
Am 18. Februar 1938 kam ein kleiner Junge zur Welt. In ihrer ersten, sie überwältigenden Dankbarkeit vergaß Liesel vorübergehend ihren Kummer um Wanja. Sie nannte das Bübchen zum Gedenken an ihren ältesten Bruder John-Heinrich.
Die Nachbarn halfen mit, daß sie bald wieder zu Kräften kam. Auch hoffte sie in jener Zeit noch täglich auf Wanjas Wiederkehr. Sie machte eine Eingabe auf dem Gebietsamt und lief sich bei ihren Wegen von Behörde zu Behörde, zusammen mit ihrem Kind, die Füße wund. Da man sie nicht gerade auslachen wollte, zuckte man nur die Achseln.

Langsam, sehr langsam dämmerte ihr die Erkenntnis, die sie zunächst verdrängt hatte, daß Wanja nie wiederkehren werde.
»Warum, warum?« fragte sie ununterbrochen ihre Nachbarn, deutsche und russische.
»Es hat keinen Sinn, nach dem ›Warum‹ zu fragen«, erklärten ihr die Genossen.
Manche von ihnen versanken nun in Stumpfheit und Apathie, gingen gleichgültig und mit der Zeit auch zerlumpt zur Arbeit, ließen sich stoßen und schieben. Die wenigen Männer, die inzwischen noch da waren, betranken sich. Etliche von ihnen hatten dieselben traurigen Augen wie die struppigen Panjepferdchen an ihren Schlitten.

Mit aller Macht wehrte sich Liesel gegen ein Abgleiten ins Primitive. Sie stellte das Haus fertig, nähte für den Kleinen und bebaute den Garten, soweit dies möglich war. Bereits drei Monate nach der Geburt wurde sie wieder zur Arbeit kommandiert, wenn auch nicht mehr in den Schacht. Es mußte sein, sie sah es ein. Der Ernährer fehlte nun, und sie hatte kein Auskommen ohne Arbeit. Sie arbeitete gern, und in Sibirien gab es Arbeitsplätze. Zunächst erhielt sie eine Stelle, bei der sie ihr Kind mitnehmen konnte. Sobald der Kleine entwöhnt war, kam er in eine Tageskrippe, das war üblich so, denn man brauchte, dank Väterchen Stalins »Planerfüllung« jede Hand; täglich wurde man darüber belehrt.

»Ich will dich, Elisabeth Thiessen, nicht verwaist lassen.« Wie oft dachte die Vereinsamte im darauffolgenden Win-

ter an dieses Wort. Sie klammerte sich an den Gedanken, daß nun ihr kleiner Sohn der Trost ihrer Tage sein dürfe, und sie wollte nicht undankbar dafür sein.
Der kleine John-Heinrich war ein stillvergnügtes, gut aufzuziehendes Kind. Er übte sich bereits im Stehen, als er an einem grausam kalten Wintertag heftig erkrankte. Die rote Ruhr ging wieder einmal um unter den Kindern in der Tageskrippe. Liesel meinte, sein Schwächerwerden nicht überstehen zu können. Nächtelang lief sie mit dem wimmernden Geschöpf in der Stube auf und ab. Es schien ihr, als sei sie nie in ihrem Leben so verzweifelt gewesen. Nein, so etwas durfte Gott nicht zulassen.
Aber sie spürte es genau: auch dieses, ihr fünftes Kind, hatte sie herzugeben. Am 12. Februar 1939, kurz vor seinem ersten Geburtstag, schloß es für immer die Augen.
»Mama, wir werden alle gehen, und du bleibst allein zurück!« So hatte einmal ihr kleiner, frühreifer Jascha zu ihr gesagt. Wohl hundertmal am Tag erinnerte sie sich jetzt jenes Wortes. Jascha hatte seinen Tod »gesendet«, und sie hatte diese merkwürdige Vorahnung auch bei den anderen Kindern gespürt, wenngleich es ihr erst nachträglich bewußt wurde. Sie hatte es nicht wahrhaben wollen. Denn vor dem Alleinsein in diesem fremden Riesenland hatte sie die allertiefste Angst gehabt.
Sie war vom Wachen und Weinen so erschöpft, daß sie kaum bemerkte, wie verständnisvoll ihr die Nachbarn beistanden, wie aufmerksam sie das Grab für den kleinen Jungen richteten und über seinen Sarg mitten im atheistisch gewordenen Sibirien zuversichtliche Segens- und Hoffnungsworte sprachen.

Nun gab es niemand mehr, der zu ihr gehörte. Oder doch? Fern, fern am Ural lebte der hochbetagte Schwiegervater noch. Sie spürte seine liebreichen Gedanken.
Es wurde ihr sauer, dem alten Mann so kurz nach der Verschleppung seines Sohnes nun auch den Tod seines jüngsten Enkels mitzuteilen.
Sie schrieb sehr knapp. Vielleicht war sie keiner Empfindung mehr fähig, vielleicht fürchtete sie, Anklage, Zorn und Verzweiflung würden die Oberhand gewinnen. Und das würde dem Schwiegervater wehe tun.

... Wir dürfen uns nicht durch Bitterkeit selbst zugrunderichten, schrieb der alte Vater in mühsam gewordener Schrift zurück. *Deine Seele sei stille zu Gott, der Dir hilft, Du wirst es erfahren. Die mit Tränen säen, werden mit Freuden ernten. Wirf Dein Vertrauen nicht weg und stütze die anderen, die gleich Dir im Joch des Elends gehen ...*

»Ohne Gemeinschaft leben, das ist schwer«, sagte Liesel später, wenn sie von dieser Zeit berichtete. Und dabei zitterte ihre Stimme nach vielen, vielen Jahren noch.

Jakob Thiessen mahnte die Verlassene, daß sie bewußt Gemeinschaft suchen solle. Dabei half ihr die kleine mennonitisch-baptistische Gemeinde, die sich gebildet hatte und heimlich in den Häusern zusammenkam. Auch zu den Genossen am Arbeitsplatz suchte Liesel mutig Kontakt. Sogar Briefe nach Deutschland schrieb sie wieder. Es kam nie ein Echo. Keiner der Briefe gelangte an Ort und Stelle.

Mit der Zeit lernte sie begreifen, daß »Heimat« ein geistiger Begriff ist, der einem nicht zufällt, sondern den man sich ein Stück weit selbst erschaffen muß.

Ein Jahr nach dieser für Liesel besonders schweren Zeit brach in Deutschland der Krieg aus. Mit der Sowjetunion hatte Hitler einen Nichtangriffspakt geschlossen. In Sibirien freilich erfuhr man wenig von den Einzelheiten des Weltgeschehens, man isolierte die Bevölkerung bewußt von den Nachrichten außerhalb des Stalinreiches. Hier ging der Alltag weiter: sinnlose Härten, Zwangsarbeiten, unbarmherzige Befehle, wirtschaftlich auch immer einmal wieder empfindliche Rückschläge.
Liesel arbeitete inzwischen in einer Ziegelei; die Arbeit war schwer, aber nicht schlecht bezahlt. Auch war eine gute Gemeinschaft am Arbeitsplatz.
Als das Frühjahr sich ankündigte, mit morgenhellen Streifen am Horizont, die das wachsende Tageslicht anzeigten, begann ihr fast unbesiegbarer Lebenswille über das Gefühl des Verlassenseins Herr zu werden. Bald würde wieder Sommer sein, und sie würde in ihrem schmalen, liebgewordenen Gartenstück arbeiten können. Spärliche politische Neuigkeiten verkündeten Hitlers grandiosen Sieg in Polen. Neue Hoffnung erwachte in ihr: Der siegreiche Hitler würde gewiß alle Deutschen aus Rußland herausholen! Sie würde wieder nach Hause finden in das Land ihrer Kindheit. Dann würden die schweren Jahre in Sibirien versinken wie ein merkwürdig langer und banger Traum.

»Es genügt, wenn du seufzest ...«

Was sind wir Menschen doch!
Ein Wohnhaus grimmer Schmerzen!
Ein Ball des falschen Glücks,
ein Irrlicht in der Zeit!
Ein Schauplatz herber Angst,
besetzt mit scharfem Leid,
ein bald verschmelzter Schnee
und abgebrannte Kerzen...

Andreas Gryphius

Allzu viel Zeit und Kraft blieb der einsamen Frau in Sibirien nicht, über den Tag hinauszudenken. Das war wohl gut so. Es half mit, das Dasein zu bestehen.
Aber dann kam jener 5. März 1940, der ihr Leben auf Jahre hinaus tiefgreifend verändern sollte.
Wie jeden Morgen war Liesel auch an diesem Vorfrühlingstag zur Arbeit in die Ziegelei gegangen. Es war noch recht kalt, aber das Mittagslicht warf bereits kürzere blaue Schatten auf den glitzernden Schnee.
Der Feierabend nahte, die Dämmerung brach ein. Der letzte Wagen mit Ziegeln war fast voll und damit das »Soll« des Tagesplanes erfüllt. Es fehlten nur noch einige Ziegel, aber ausgerechnet diese wollten sich nirgends mehr finden lassen. Der Vorrat an gebrannten Ziegeln war auf dem ganzen Werksgelände zu Ende gegangen.
Einige Schritte weiter, in einem Graben, befanden sich schon seit längerer Zeit mehrere Ziegel. Aber man konnte sie nicht holen, denn zu beiden Seiten des Grabens erhoben sich lose getürmte Backsteine, die nicht sonderlich gut gesetzt waren und nur während der starken Frostzeit

zusammengehalten hatten. Einige der Ziegel lagen zwischen den Backsteinen. Jede geringste Bewegung würde die Mauern zum Einstürzen bringen.
Der Aufseher wollte fertig werden und nach Hause gehen.
»Los! Die Ziegel dort holen!« schrie er und deutete nach dem Graben. Aber keine der Frauen rührte sich. Jede wußte, daß es lebensgefährlich war.
Wütend schrie der Brigadier:
»Thiessen! Du gehst! Du hast keine Familie! Wenn du nicht gehst, bleibst du drei Monate ohne Lohn und Brot!«
Ja, sie waren inzwischen lauter kleine Staline geworden, die Kommandeure der Arbeitskolonnen.
Vorsichtig begab sich die gehetzte Frau auf den Weg. Behutsam setzte sie Schritt vor Schritt. Nur nicht in Versuchung kommen, sich an der Mauer halten zu wollen!
Atemlos schauten die anderen Frauen ihr nach, wie sie sich tiefer in den Graben hineintastete, sich bückte, vorsichtig einige Ziegel zu lösen und sie aufzunehmen versuchte.
»Los! Marsch! Wir wollen fertig werden!« drängte der Brigadier.
Liesel wandte sich um – und dann geschah es: Die linke Mauer stürzte ein. Durch die Erschütterung folgte die rechte nach. Die Backsteine begruben Elisabeth Thiessen lebend unter sich.
»Das ist nun das Ende – und es ist gar nicht schlimm«, dachte sie noch, ehe sie das Bewußtsein verlor.
Als sie wieder zu sich kam, waren mindestens zehn Män-

ner damit beschäftigt, sie vollends auszugraben und auf eine Tragbahre zu legen.
»Mein rechter Fuß fehlt! Bitte nehmt doch meinen Fuß mit!« stöhnte sie verzweifelt.
Einer der Männer versuchte sie zu beruhigen.
»Der Fuß ist dabei, er hängt noch am Fleisch!«
Danach schwanden ihr endgültig die Sinne.

Wie lange sie bewußtlos gelegen sein mag, wußte sie nachher nicht mehr zu sagen.
Sie erlebte sich, wieder erwachend, auf einem Brett liegend, mit tausend Bandagen gebunden. Sie erfaßte, daß sie sich im Krankenhaus befand.
Später erfuhr sie, daß sie nach Anschero – Sudschenk gebracht worden war.
Sie versuchte, die Augen zu öffnen und auf die Geräusche ringsum zu achten. Aber kein Schimmer der Außenwelt drang zu ihr, weder durch Augen noch Ohren.
Erst im Lauf eines Zeitraums, dessen Dauer sie nicht abzuschätzen vermochte, taten die Sinne, langsam zurückkehrend, wieder ihren Dienst. Aber immer neu fiel sie in Bewußtlosigkeit zurück und verstand nicht mehr, wo sie war.
Der erste klare Gedanke, den sie fassen konnte, galt dem alten Schwiegervater. Er, der immer alle Sorgen mit ihr geteilt hatte, mußte von ihrem Unglück erfahren. Aber wer sollte ihm schreiben? Schließlich fand sich eine zufällig im Krankenhaus befindliche Deutsche bereit, einige Zeilen an Jakob Thiessen zu schicken. Mit Mühe brachte die Kranke die richtige Adresse zusammen. Sie sei ver-

schüttet worden, diktierte sie. Vor Schmerzen werde sie ständig ohnmächtig, und nun könne sie nicht mehr beten, nie mehr.

Liebes Kind, ich bete Tag und Nacht für dich, schrieb Jakob Thiessen zurück. *Du aber seufze! Es genügt, wenn du seufzest...*

Die ärztliche Versorgung im Krankenhaus war gut. Unter den Ärzten waren ebenfalls viele Verbannte. »Vielleicht war Dr. Schiwago darunter«, meinte Liesel einmal scherzhaft.
Zuweilen hatte die Schwerverletzte den Eindruck, daß man auf ihren Tod warte. Als sich aber wunderbarerweise ihr Befinden im Lauf der Monate besserte, verfiel ein junges Arztehepaar auf den Gedanken, ihr die Röntgenbilder zu zeigen, die bei ihrer Einlieferung gemacht worden waren.
»Das Becken war vollständig zertrümmert«, erklärten die beiden auf ihre Leistung mit Recht sehr stolzen Mediziner. »Der Rücken war dreimal gebrochen, jedoch ohne Querschnittlähmung. Vier Rippen vorne, und auch noch das Schlüsselbein. Und der Fuß? Ob der Fuß noch einmal richtig zu gebrauchen sein wird?«
Als Liesel die Aufnahmen gesehen und verstanden hatte, fiel sie erneut in Ohnmacht.
Es dauerte über ein Jahr, bis die Kranke wieder stehen und mit Hilfe von Krücken sich einigermaßen fortbewegen konnte.
»Das ist eine ganz Zähe«, sagten die Ärzte anerkennend.

Im Krankenhaus erfuhr sie eher etwas vom Weltgeschehen draußen, wenn auch wenig genug. An einem sehr warmen Hochsommertag, als sie bereits mit Krücken an der frischen Luft spazieren gehen konnte, erzählte ihr einer der Patienten, daß Hitler Stalin überrumpelt und Rußland angegriffen habe.

»Das bedeutet die Ausweitung des Krieges auf die Sowjetunion«, fügte er hinzu. »Er wird sich die Finger verbrennen!«

Am gleichen Kalendertag, an dem einst Napoleon seinen Rußlandfeldzug begonnen hatte, war auch Adolf Hitlers Kriegserklärung an Rußland erfolgt: am 22. Juni 1941.

»Stalin wird die Deutschen hier alle umbringen«, flüsterte man im Krankenhaus. Liesel schüttelte den Kopf.

»In Sibirien nicht. Er braucht sie als Arbeitskräfte für seine Kriegsmunition.«

Im übrigen war sie durch die Heirat mit ihrem Mann, längst russische Staatsbürgerin geworden.

Nach ihrer Entlassung aus dem Krankenhaus war Liesel von den Ärzten als arbeitsunfähig eingestuft worden. Aber das System war gnadenlos.

Sie war verbannt, sie wurde wiederum einer Arbeitskolonne zugeteilt. Dank ausführlicher ärztlicher Atteste bekam sie eine leichtere Arbeit in einer staatlichen Nähstube. Ihre Rente, das wußte sie, würde ihr erst in fünfzehn Jahren ausbezahlt werden. In Sibirien bestand das Leben der Verbannten ausschließlich aus Arbeit, oft mit vergeudeten Anstrengungen, mit sinnlosem Leerlauf und Zwangsmaßnahmen.

Liesel wollte gerne arbeiten. Aber zunächst war alles sehr, sehr mühsam. Der Rücken schmerzte ständig und auch das Gehen war hart. Ach ja – unter der Devise des Marxismus-Leninismus war man einst angetreten, um dem arbeitenden Menschen überall zu seinem Recht zu verhelfen; inzwischen aber waren die Massen völlig entrechtet; nur eine kleine Oberschicht bereicherte sich davon.
Jetzt blieb noch eine Hoffnung: der Sieg der deutschen Truppen.
Ob der alte Vater Thiessen den Beginn des deutsch-russischen Krieges miterlebt hat? Liesel wußte später den Zeitpunkt seines Todes nicht mehr zu nennen. Ein Teil seiner Familie war in Amerika, ein Teil in Deutschland, der Rest in Rußland. Alle standen sie gegeneinander. Die Welt mag ihm vorgekommen sein wie ein trauriges Narrenhaus.

Liesels deutsche Vettern mußten am Rußlandfeldzug teilnehmen; einige sind dort gefallen.
In ihrer Nähstube erfuhr man, daß die Alliierten den Russen mit Waffenlieferungen Hilfe leisteten. Im Lauf der Jahre kamen genug deutsche Kriegsgefangene in ihre Gegend. Aber man durfte bei Todesstrafe kein Wort mit ihnen sprechen. Von Hitlers zunächst atemberaubendem Vormarsch erfuhr man nichts. Jedoch drang der Name »Stalingrad« später hin und wieder an das Ohr Hellhöriger. Bloß wußte man nie, ob die geschilderten Grausamkeiten auch der Wahrheit entsprachen.

Der Krieg zog sich lange hin. Die rationierten Lebensmittel wurden knapper, die Arbeit für die Gesunden strenger. Viele mußten in Munitionsfabriken arbeiten, und es gab Stunden, wo Liesel für ihre Verschüttung danken lernte, denn sie mußte nicht mehr in eine Fabrik. Wieder waren alle Leute in ihrer Umgebung vollauf mit dem Überleben beschäftigt. Durch ihr Gartenstück half sie sich und auch den Nachbarn über den größten Hunger hinweg. Sogar Kartoffeln gediehen während der Kriegsjahre, und sie wurden nicht gestohlen, denn die Bewachung in Sibirien war streng. Auch war unter den Verbannten eine starke Gemeinschaft gewachsen, keiner hätte dem anderen etwas Übles angetan. »Wie oft habe ich eine Kartoffel oder eine Zwiebel in der Mitte geteilt, damit jeder einen Bissen habe«, berichtete sie.

Am 20. Juli 1944, ihrem 47. Geburtstag, ging Liesel wie immer zur Arbeit. Sie freute sich auf den hellen, milden Abend, an dem ihre Nachbarn zu ihr kommen wollten. Man hatte nicht viel Materielles zum Feiern, aber man war guter Dinge miteinander. Erst nach Jahrzehnten sollte sie erfahren, welch ein ergreifender Tag dies für Deutschlands Geschichte gewesen war.

Deutschlands tragisches Geschick rückte ihr ferner und ferner. Zwar steckte das Heimweh immer noch tief in ihr, aber sie hätte nun nicht mehr zu sagen gewußt, ob ihre Sehnsucht einen realen Ort habe. Da war immer wieder so viel Weh auszuhalten: nach Wanja, mit dessen Rückkehr sie nun nicht mehr rechnen durfte (man braucht lange, bis man einen Vermißten in seinem Herzen für tot erklärt), nach der Zärtlichkeit und fröhlichen Frische ihrer Kinder, nach den warmherzigen Schwägerinnen und dem tapferen Schwiegervater.

Und eines Tages, nach langen Jahren, war dann doch wieder Friede, oder wenigstens das, was man dafür hielt. Mächtiger Jubel über Väterchen Stalins Sieg erhob sich über der ganzen Sowjetunion. Churchill und Roosevelt hatten sich mit ihm verbündet. Stalins Macht reichte jetzt bis ein paar Dutzend Kilometer vor Liesels Geburtsort, den Deutschhof bei Schweinfurt. Sein Bild hing hoch über den Häusern der russischen Städte. Rußland hatte viel gelitten, aber die Opfer hatten sich gelohnt.
Und die Opfer der Deutschen im weiten russischen Land? In ganz Europa? In Ostpreußen, Pommern oder Schlesien?
Wer verloren hat, der hat zu schweigen.
Ja, der mit Hilfe der Alliierten siegreiche Riesenkoloss der UdSSR und das kleine, zertrümmerte Deutschland erlebten das Jahr 1945 grundverschieden. Nirgends empfand man Sympathie für das vernichtete Volk, dafür hatte Hitler gründlich gesorgt. Stalin war gewiß nicht besser, aber er hatte gesiegt.
Dem amerikanischen Präsidenten Roosevelt, dem vielleicht die Schaffung eines brauchbaren Friedens in Europa hätte gelingen können, war es nicht mehr vergönnt, das Kriegsende zu erleben. Er starb kurz vor dem Zusammenbruch Deutschlands. Mit seiner Hilfe hatte Rußland gesiegt. In kurzer Zeit jedoch standen zwei Riesenblöcke als gefährliche Kräfte einander gegenüber. Eine tragische Entwicklung.

Rußland wurde im Lauf der nächsten Jahre noch stärker von den westeuropäischen Ländern isoliert. Auch von den Judenverfolgungen hat Liesel in Sibirien nichts erfahren. Irgendwie wurde sie in diesen Nachkriegsjahren ein Stück weit wirklich Russin: schicksalsergeben, leidens- und tragfähig, kindlich religiös – und reichlich gleichgültig gegenüber allem, was in der Welt vor sich ging und was über den Horizont ihres persönlichen Lebens hinausgriff.

Deutschlands Mitte aber wurde mit Mauern und Stacheldrähten zerschnitten. Und die Soldaten des Stalinreiches lauerten von ihren Wachtürmen Tag und Nacht den Flüchtenden auf.

Neue Hoffnung

> Verdoppelt die Wachen,
> vor diesem Grab,
> damit Stalin immer darinnen bleibe
> und mit ihm, was vergangen sein soll.
>
> *J. Jewtuschenko (russ. Lyriker)*

Liesel lebte in Sibirien nun auch als Mensch in einer Art Kollektiv. Da sie völlig allein dastand, brauchte sie diese Daseinsform, und sie fand sich darin zurecht. Stille, sensationslose Arbeitsjahre reihten sich aneinander. Weder die Bombe von Hiroshima noch Stalins Machtansprüche an die gesamte Stadt Berlin berührten sie.
Freilich, manchmal im Winter, wenn der Buran ums Häuschen tobte, überfiel sie die Erinnerung an vergangene Zeiten mit Macht: an das Klavierspiel zuhause und später bei den Schwiegereltern. Musik und Bücher, Lieder und Bilder. Dies alles war nun weit weg, ihr Streben nach Weiterbildung war eingeschlafen.
»Jetzt laß ich nichts mehr in mein Herz herein!« sagte sie zu sich. Aber so einfach ist es nicht damit. Die Sehnsucht nach einer lebendigeren Wirklichkeit wacht immer wieder in einem auf.

Eines Morgens im März 1953 klopfte noch vor Tagesanbruch die Nachbarin, Anna Ewert, an Liesels Haus.
»Ich sag dir was«, flüsterte sie mit vorgehaltener Hand, »laß mich ein.« Leise schlüpfte sie durch die Tür. »Väterchen Stalin ist gestorben.«

»Was du nicht sagst! Eines natürlichen Todes?«
Anna wurde noch verhaltener. Man war inzwischen gewöhnt, daß überall wachsame Augen und Ohren lebten, die alles nach ihrem Gutdünken verdrehten.
»Wie soll ich das wissen?« fuhr sie fort. »Es heißt, er habe zuvor alle seine Leibärzte umbringen lassen. Ob einer den Mut hatte, es umgekehrt zu machen? Man wird es nie erfahren, wie gewohnt. Hauptsache: er ist tot!«
»Und du weißt es bestimmt? Gott sei gedankt! Schlimmer kann's nicht werden, also wird's besser! Vielleicht erhalte ich jetzt auch wieder einmal Nachricht von Deutschland! Wer wird denn Stalins Nachfolger?«
»Weiß ich nicht, du alte Optimistin. Vielleicht kriegen sich seine Erben in die Haare, und es kommt nochmals eine Zeit der Anarchie.«
»Nur das nicht, Anna, nur das nicht. Der Bürgerkrieg war noch schlimmer als die Zeit unter Stalin. Es waren unsere schrecklichsten Jahre.«

Die gesamte Arbeitsbrigade hatte an den Feierlichkeiten um Stalins Beisetzung im Kreml (am Rundfunk) teilzunehmen.
Alle hatten verschlossene Gesichter und schmale Lippen. In stumpfem Gehorsam sangen sie die Nationalhymne:

Flagge des Sowjets, wehe du Fahne des Volkes,
führe uns von Sieg zu Sieg...
sei treu dem Volke, wie uns Stalin lehrt...

Es kam nicht zu einer Anarchie, aber doch zu mancherlei Disharmonie im Kreml. Mit der Hinrichtung von Berija zu Weihnachten 1953 begann dann endlich die sogenannte »Entstalinisierung«.

In Liesel wuchs nun von Tag zu Tag die Hoffnung, doch endlich von den Ihrigen in Deutschland etwas zu erfahren. Je älter sie wurde, desto lebensvoller stand ihr die Kinderzeit wieder vor Augen. Wie hatten die Geschwister wohl den schrecklichen Krieg überstanden?
Tag um Tag, Monat um Monat, Jahr um Jahr verging, ohne daß Nachricht aus Deutschland kam. Da Liesel seit 1931 in Anscherka lebte, kam sie nicht auf den Gedanken, daß man in Deutschland ihre Adresse nicht kenne. Und ihre ahnungslosen Geschwister stellten keine Nachforschungen an.
Sie selbst hatte, wohl durch die lange Bewußtlosigkeit nach ihrem schweren Unfall verursacht, alle deutschen Anschriften schlichtweg vergessen. Ihr müder Kopf suchte und suchte vom Morgen bis zum Abend. Endlich fiel ihr ein Teil der Adresse ihrer Tante Frida ein. Es war nicht denkbar, daß sie von dieser treuen, stillen Frau vergessen worden war.
Der unvollständig adressierte Brief an Tante Frida brauchte seine Zeit, bis er an Ort und Stelle war. Liesel hatte ja nie erfahren, daß die Tante schon über zwölf Jahre tot war, daß Onkel Benjamin wieder geheiratet hatte, nun aber lebensgefährlich erkrankt in einem Mannheimer Hospital lag, das seine älteste Tochter als Oberin leitete.
Professor Dr. theol. Dr. h.c. Benjamin Unruh war inzwi-

schen jedoch bekannt genug; die Post fand ihn ohne allzu große Mühe. Als er Liesels Lebenszeichen erhielt, war er bereits vom Tode gezeichnet und konnte seinem Erstaunen nur schwachen Ausdruck geben. Seine Frau erledigte nach seinem Tod gewissenhaft die umfangreiche Trauerkorrespondenz. Was aber sollte sie mit dem etwas verworrenen Schreiben in zittriger Altersschrift, das so weit von Sibirien gekommen war, anfangen?
Der Onkel hatte viele Beziehungen zu Rußlanddeutschen gehabt; der größte Teil seiner Lebensarbeit hatte darin bestanden, ihnen zu helfen. Viele zeigten sich aufrichtig dankbar für erwiesene Hilfe. Gehörte Frau Thiessen auch dazu? Offenbar war sie eine Verwandte der ersten Frau. Aber in dieser unübersichtlichen großen Familie fand sie sich nicht zurecht. Wie sollte sie etwas von Geschwistern ahnen, wie sollte sie wissen, daß die ferne Frau in Sibirien sich verzweifelt nach Auskunft sehnte?
Sie antwortete korrekt, daß der Onkel sich noch sehr über ihren Brief gefreut habe, daß sie aber damit die Korrespondenz beschließe.

Ermessen wir, was »Warten« heißt?
Im Warten auf Nachricht aus Deutschland merkte Liesel, daß sie eine Anfängerin in der Kunst des Wartens geblieben war.

Endlich, endlich kam Antwort, von Onkel Benjamins zweiter Frau, die ihr unbekannt war. Kein Wort von Geschwistern und sonstigen Anverwandten. Sollte das alles sein?

War es denkbar, daß die Ihrigen nichts mehr von ihr wissen wollten?
Alles blieb stumm. Sommer und Winter gingen darüber hin. Schließlich erhielt die Zweiundsechzigjährige ihre hart erarbeitete und wohlverdiente Rente.
Viele Nächte lag sie wach und rätselte über der Totenstille, die auf ihrer deutschen Heimat zu liegen schien. Von dem, was in der Welt draußen vor sich ging, bekam sie nicht allzu viel mit.

Inzwischen hatte Chruschtschow die Führung des Sowjetstaates übernommen. Der »Sputnik« ein großer, technischer Erfolg, umkreiste für kurze Zeit die Erde. Der Sowjetbürger Alexejewitsch Gagarin startete zum ersten bemannten Weltraumflug. Nach außen entwickelte sich Rußland so atemberaubend schnell zur Großmacht, daß es für die nichtkommunistischen Länder fast zum Fürchten war.
Die Kubakrise (1962) brachte die Welt nach der Berlinkrise (1948) erneut an den Rand eines nuklearen Krieges. Ins Innere des russischen Reiches bekam der Westen damals keinen brauchbaren Einblick. Boris Pasternak schrieb seinen Roman *Dr. Schiwago*, der in seiner Heimat nicht erscheinen durfte. In Sibirien gab es immer noch Tausende von politischen Gefangenen und Verbannten. Auch Elisabeth Thiessen gehörte dazu. Jetzt erst spürte sie, wie sie ihr Leben lang von der Hoffnung gelebt hatte, im Alter wieder zu Brüdern und Schwestern nach Deutschland zurückkehren zu können.
Ich will dich, Elisabeth Thiessen, nicht verwaist lassen . . . Nun

war kein Vater Jakob mehr da, der sie hätte aufrichten können. »Nach dem Halt greifen, der doch da ist«, hatte er einmal gesagt, »nur das Seil nicht fahren lassen, das über dem Abgrund hängt!«

O nein! Gott hatte sein Wort nicht gehalten! Bitterkeit, Wut und Verzweiflung überschwemmten die Einsame. Die Genossen hatten recht: es gab ihn nicht! Welche Torheit, sich auf ein Hirngespinst zu verlassen!

Jetzt war sie nicht mehr jung genug, um sich gegen die Wogen der Enttäuschung zu wehren.

Sie wurde bettlägerig. Ein vollständiger Zusammenbruch folgte. Nächtliches Asthma nahm ihr den Atem. Sie wurde so schwach, daß sie sich nicht einmal eine Tasse Tee oder ein Ei kochen konnte. Ihr Bewußtsein war wie ausgelöscht, sie konnte sich an nichts und niemand mehr erinnern. Sie wollte auch nicht mehr. Dumpf und verworren lebte sie dahin. Wenn jemand kam, um ihr zu helfen, wurde sie fast böse. Erstmals in ihrem Leben hatte sie sich aufgegeben.

Dabei war sie durchaus nicht verlassen. Ihre deutschen Nachbarinnen pflegten sie mit hingebender Geduld, flößten ihr Nahrung ein, hielten Haus und Garten in Ordnung und versorgten sie mit allem Notwendigen. Sie bestellten auch ärztliche Hilfe. Aber die Erschöpfung dauerte über Jahre hinweg an.

Eine besonders treue Nachbarin war Anna Ewert, die auch nachts bei ihr blieb, wenn es nötig war. Sie erfaßte genau, woran die heimatlose Frau litt. Sobald Liesel sich wieder im Bett aufsetzen konnte, redete sie sanft auf sie ein:

»Denk nach, Tante Thiessen, ob du nicht doch ein Stückchen Adresse von deinem ältesten Bruder zusammenbringst. War er nicht im Bayrischen? Falls er nicht mehr lebt, hat er gewiß Angehörige.«
Aber Liesels leerer Kopf fand sich nirgends mehr zurecht.

Im darauffolgenden Winter konnte sie sich zwar wieder einigermaßen selbst versorgen, sie ging jedoch nicht mehr aus ihrem Haus. Sie machte den oberen Flügel ihrer zweigeteilten Tür auf, wenn jemand klopfte, um ihr Milch, Suppe oder gegarte Kartoffeln zu bringen.
Mit der Zeit erlangte sie aber doch wieder neuen Mut und auch das für sie lebensnotwendige Gottvertrauen. Und in einer Vorfrühlingsnacht des Jahres 1966 geschah es, daß die Schleier ihres Gedächtnisses endlich auseinanderrissen und ihr ein Teil der Adresse ihres Bruders Heinrich einfiel. Anna Ewert begnügte sich mit dem Bruchstück. Das System war zwar, seitdem Leonid Breschnew (seit 1964) Chrutschtschows Nachfolger geworden war, dem Westen gegenüber auch noch nicht viel durchlässiger geworden. Aber, daß in der DDR ein Brief aus Sibirien ankommen würde, das wußte Anna aus Erfahrung. Denn sie hatte Verwandte dort, denen sie schon oft geschrieben hatte. Nun mußte man nur noch die Tante Thiessen zu einem Brieflein dorthin überreden.
Auch dies gelang.
So geschah es, daß die Familie Jakob Riediger aus Böhringen über Mittweida bei Karl-Marx-Stadt in der DDR eines Tages ein Schreiben von ihrer Nichte Anna Ewert aus Sibirien erhielt.

Anscherka, 29.3.1966

... Ich komme noch mit einer Bitte zu Ihnen, liebe Tante! Hier ist eine alte Frau Thiessen, gebürtig aus Deutschland. Sie hat alle ihre Verwandten verloren. Mir tut die alte Mutter so leid. Hat fünf Kinder begraben. Ihr Mann war ein Hans Thiessen aus Schönau in der Ukraine. Ich habe ihr geholfen, den Brief aufzusetzen, damit sie ihre Geschwister und Onkels findet. Vielleicht könnt Ihr es in der Rundschau anmelden? Seid so gut und tut der Alten den Gefallen. Sie ist als fünfzehnjähriges Mädchen nach Rußland gekommen. Sie ist zwar kränklich, aber für Arme und Kranke hat sie immer viel übrig gehabt.
Meine Tochter geht gerne zu ihr, bekam auch schon viel geschenkt. Fehlt ihr Wasser, holt sie es ihr. Ich gehe für sie zur Post oder zum Laden, ich bring' ihr auch schon mal Brot und Nudeln mit. Denn im Winter ist sie arg geplagt mit ihrem Asthma und geht nicht zu ihrer Türe raus...
Wenn Ihr was gefunden habt, schreibt an meine Adresse. Tante Thiessens Adresse ist gleich wie meine, nur Quartier 68.
Ein Teil der Adresse von Tante Thiessens Bruder liegt bei. Ebenso ein Brieflein von ihr...

Nach Erhalt dieses Briefes schrieb Jakob Riediger sofort an den unbekannten Heinrich Muselmann mit der unvollständigen Adresse. Liesels Briefchen legte er bei.
»Was es doch für Schicksale gibt«, sagte er, als er am Abend den zwar sorgfältig, aber mangelhaft adressierten Brief in den Kasten warf. »Vertrauen wir halt der tüchtigen deutschen Bundespost, daß sie den Empfänger findet!«

Endlich ein Lebenszeichen!

> Wie wenig Lärm machen die wirklichen Wunder!
>
> *Antoine de St. Exupéry*

Strahlend erhob sich der Maimorgen über der geschichtsträchtigen Dreiströmestadt Passau und dem sich dahinter ausdehnenden niederbayrischen Land. Behaglich lag der Prehof bei Pfarrkirchen in der frühen Sonne.

Der Landwirt Heinrich Muselmann kam soeben von seinem ersten Gang durch Hof und Ställe zurück. Es war ein wunderbarer Morgen, er empfand es beglückt. In wenigen Tagen würde er seinen 70. Geburtstag feiern. Es würde ein gutes Fest werden im Kreise der Kinder und Geschwister. Der Sohn hatte ihm längst die wesentlichen Sorgen des Betriebes abgenommen.

Fünf Enkelbuben waren auch schon da – und der sechste Sprößling würde im Sommer Einzug halten. Er, der früh Verwaiste, war dankbar für die mancherlei guten Fügungen seines Lebens, das keinen leichten Start gehabt hatte. Er ging ins Büro, um die eingegangene Post durchzusehen. Ein Brief aus der DDR war darunter, mit unbekanntem Absender, eine einfache, ungeübte Schrift. Die Adresse war unvollständig, aber das Schreiben hatte zu ihm gefunden. Er öffnete den Umschlag und las:

Mittweida, den 2.5.66

Sehr geehrter Herr!
Der beiliegende Brief von Frau Liesel Thiessen ist mir aus der UdSSR zugesandt worden mit der Bitte, bei der Suche nach ihren Angehörigen behilflich zu sein. Vielleicht kann auch das Pfarramt über den Verbleib der genannten Personen Auskunft geben.

Jakob Riediger

Heinrich begriff nicht sogleich, aber dann begann sein Herz schneller zu schlagen. Ja, das war Liesels Schrift, älter, zittriger, mit kyrillischen Buchstaben durchsetzt. Großer Gott! Noch ehe er zu Ende gelesen hatte, rief er seine Frau. Gemeinsam beugten sie sich über das Papier.

Anscherka, den 19.3.1966

Liebe Geschwister Heinrich, David, Rudolf, Schwestern Anna und Martha! Gott zum Gruß!
Im Jahre 1932 habe ich von dir, lieber Heinrich, die letzte Nachricht erhalten.
Ich habe Euch alle verloren und doch möchte ich gerne wissen, wer von Euch noch am Leben ist.
Wer lebt von den Onkels, von Vettern und Cousinen? Vielleicht findet sich jemand, der mir berichten kann?
Ich bin jetzt 54 Jahre hier im Land. Seit 35 Jahren wohne ich in Anscherka (Sibirien). So Gott will, darf ich etwas erfahren.
Herzliche Grüße von Eurer Schwester, Nichte und Cousine Liesel Thiessen, geb. Muselmann.

Erschüttert blickten die zwei Eheleute einander an. Eine Tote war lebendig geworden. Der kühnste Romanschreiber hätte so etwas nicht zu erfinden gewagt. Sie spürten beide, daß dieser Brief ihr Leben verändern werde. Heinrich ergriff als erster das Wort:
»Wir werden sie herüberholen, wenn es möglich ist. Dann soll sie nach all dem Leid und der Verlassenheit bei uns eine schöne Heimat finden.« Nach einer langen, schweigsamen Pause setzte er hinzu: »Mag sein, daß es nicht ganz leicht wird mit ihr. Gewiß ist sie leidend und braucht Pflege. Auch war sie früher recht eigenwillig – so wie ich auch.
Seine Frau nickte ernst.
»Ich denke, daß wir sie tragen könnten – meinst du nicht? Es ist eine wertvolle Aufgabe, einem Menschen mit solch einem Schicksal Heimat zu geben.«

Wie ein Lauffeuer verbreitete sich die Nachricht von der tot geglaubten und wiedergefundenen Schwester unter den Verwandten in ganz Deutschland. Außer den Brüdern Christian und David lebten noch alle Geschwister. Auch die Onkels lebten noch fast alle. Von den Tanten waren die meisten gestorben. Wir, die Vettern und Cousinen, wußten freilich nicht viel mit dem uns unbekannten Namen anzufangen. Zwar hatte mir meine Mutter einst als Kind von Liesels schwerem Schicksal erzählt, aber ich hatte ihren Bericht wie eine Art Märchen aufgenommen. Mein Vater, Liesels Onkel Hans, war sehr bewegt.
Die zahlreichen Briefe, die von nun an hinübergingen hinter den Ural, sind nicht mehr erhalten, wohl aber Lie-

sels erste Antwort. Innere Erregung, Gedächtnisschwäche und Alter haben ihr dabei die Hand geführt. Der Brief war viele Seiten lang.
Einige Zeilen daraus:

Anscherka, 25. Mai 66

Meine lieben, sehr lieben und teuren Geschwister in weiter Ferne, aber im Herzen so nah!
Gott tut große Dinge, die wir nicht begreifen. (Hiob 37,5)
... Nach 32 Jahren wieder ein Lebenszeichen! Und außer Christian und David noch alle am Leben! Ich hatte keinen Brief mehr erwartet ... Ich nahm an, daß niemand mehr am Leben sei oder Ihr nichts mehr von mir wissen wollt. Ich habe darüber sehr getrauert und viel geweint ...
... Ich habe gelernt, alles Gott anheimzustellen. Ich war von 1962–65 sehr nervenkrank, habe alles vergessen und war zu nichts mehr fähig. Ich mußte die Nachbarn um jede Kleinigkeit bitten ...
... Ich schrie zu Gott, er solle mir für Euer Schweigen Verständnis geben. Es war zu bitter. Nachts, im Traum, ist mir ein Teil von Heinrichs Adresse wieder eingefallen ...
... Als ich Euren Brief erhielt, erkrankte ich drei Tage vor Freude und konnte nicht gleich zurückschreiben ...
... Bin gottlob gesund, nach alter Leute Art. Wohne in meinem Häuschen, das mir mein lieber Hans anno 36/37 noch gebaut hat, so als ob er es geahnt hätte: Für dich, Liesel, auf deine alten Tage. Von 1937 an war er spurlos verschwunden. Nach seinem Weggang kam John-Heinrich zur Welt und lebte ein Jahr und ging dann zu seinen drei Brüdern und seinem Schwesterchen in

die himmlische Heimat. So bin ich kinderlos und allein. Es ist so, wie mein kleiner Jascha gesagt hat: »Mama, wir sterben alle, und du bleibst allein.« Wie oft hat das Kind solches zu mir gesagt!

Alle Monate hole ich mir meine Rente, die ich mir erarbeitet habe und lebe zufrieden gerade von der Hand in den Mund...

Ich weiß inzwischen, daß kein Haar von unserem Haupt fällt ohne den göttlichen Willen.

... Ich war viel krank. Zweimal Typhus, einmal Gesichtsrose, einmal Blinddarmentzündung. Bei einem Unfall dreimal den Rücken gebrochen, Hand und Fuß und Schlüsselbein. Später heftiges Asthma, große Schwäche. Fünf Geburten auf Leben und Tod. Tuberkulose am Fuß. Fünfmal haben wir nur mit dem Löffel von vorne angefangen. 25 mal hatten wir Wohnungswechsel. Mein Wahlspruch lautet: Liebe dein Schicksal, denn es ist der Weg Gottes zu deinem Herzen...

Grüßet die Geschwister. Will versuchen, allen zu schreiben. An Rudi, unseren Jüngsten, kann ich mich nimmer erinnern, mein alter Kopf ist zu schwach. Im Geist stiller Umarmung küßt Euch Eure überaus glückliche, wiedergefundene Schwester und Schwägerin Liesel.

Wie viele Pakete waren in jenen Wochen gleichzeitig zu der neu entdeckten Schwester unterwegs! Der Bruder Heinrich erforschte die Ausreisemöglichkeiten. Aus Moskau erhielt er den Bescheid, daß nur nächste Angehörige (Mütter, Söhne, Väter, Töchter) eine Genehmigung bekämen. Daraufhin richtete mein Vater Hans Hege ein Bittgesuch an die deutsche Botschaft in Moskau, das nicht ohne Erfolg blieb.

Liesel selbst konnte zwar fließend Russisch reden und auch ganz ordentlich lesen, aber nicht schreiben. Dies wäre für die Abfassung der nun zahlreich werdenden Bittschriften nötig gewesen. Sie mußte sich einen Schreiber besorgen, der jedoch recht geschickt vorging.
Dennoch erfand die damalige russische Miliz immer wieder neue Ausreden.

Ach, durch wieviel Mühe müssen meine Papiere noch gehen, bis wir am Ziel sind, schrieb Liesel einmal. *Aber Gott lohne und segne Eure viele Arbeit mit mir, daß sie letzten Endes nicht umsonst sei. – Ihr fragt, was Ihr mir zu Weihnachten schicken sollt? Ein Wiedersehen mit Euch – das wäre mein größtes Geschenk!*

Schließlich riet man ihr, sich wegen der Heimreise an das Russische Rote Kreuz zu wenden. Von dort aus würde die Übergabe an das Deutsche Rote Kreuz möglich sein.
Sie schreibt:

Anscherka, im September 1966

Liebe Geschwister!
... zum erstenmal in meinem Leben muß ich jetzt noch, im September, mein Kraut gießen, weil so gutes, trockenes Wetter ist, wie man es hier nie für möglich hielt. Wer weiß, vielleicht ist es auch das letztemal ...
Ich werde morgen wegen der Bittschrift zur hiesigen Milizbehörde gehen. Denn ohne Erlaubnis von Moskau macht man hier nichts ...
Ich schicke Euch ein Foto von mir, ja, ich bin recht klein gewor-

den, das Rückgrat ist krumm, und einen Buckel habe ich inzwischen auch. Habe viel und hart gearbeitet. Aber meine schwarzen Haare sind echt. Danke für Eure Bilder. Ach, ich muß mich erst daran gewöhnen, ich sehe Euch alle noch ganz jung vor mir! Wie gepflegt und frisch seht Ihr aus in Euren hohen Jahren!

... Nun sind unsere schönen Sommertage wieder dahin. Von Ende Juni bis Mitte August wird es hier ganz spät abends erst dunkel und sehr früh wieder hell. Aber jetzt sind die Nächte bereits unheimlich schwarz und still...

Im Herbst brachte Liesel ihre Gartenerträge ein, die herrlichste Ernte, seit sie in Sibirien war, sie schreibt ausführlich darüber. War es auch ihre letzte Ernte hier? Sacht strich sie über die Erdschollen. Dieses Stück Land war ihr nun doch, trotz allem, zur Heimat geworden. Wie gerne hatte sie es bebaut, viele Sommer lang, oft unter Tränen, oft schmerzgeplagt! Und bei all diesem Tun hatte sie sich von der Liebe der Russen zu ihrem Land anstecken lassen.

»Das ist etwas, das tiefer geht als jede Art von Patriotismus«, hatte der Schwiegervater vor vielen Jahren einmal zu ihr gesagt. Seit sie ahnte, daß sie dieses Land verlassen würde, verstand sie seine Worte erst richtig.

Sie nahm die dürr gewordenen Tomatenstöcke und hängte sie unter der Küchendecke an einem Seil zum Nachreifen auf. In diesem Klima röteten sie sich im Freien nie. Sibirien! Als Kind hatte ihr das Wort Schrekkensschauer eingeflößt. Nun standen ihr die traumverlorenen, frostklirrenden, schweigenden und fast wirklich-

keitsentrückten Wintertage mit den Gräblein ihrer Kinder vor der Seele – und sie wußte plötzlich: Ein Teil meines Wesens bleibt in diesem Land zurück.
Sie war inzwischen an Leib und Seele aufgeblüht.
»Du bist ein ganz neuer Mensch geworden!« staunten die Nachbarinnen. »Das kommt von den wunderbaren Paketen und den guten Nachrichten aus Deutschland!«

Im darauffolgenden Winter überlegte sich Liesel, wem sie im Fall ihres Wegzugs ihr Haus verkaufen könnte. Ach, trotz der Vorfreude war es doch auch wieder schwer, alle Zelte abzubrechen und nur mit einem Handkoffer in eine neue, unbekannte Zukunft zu ziehen.
Im Dezember 1966 schreibt sie:

... Die Tochter einer Frau Ewert hier, Ärztin, fragte wegen des Wysows (Visum) bei der Oberpolizei an. Es wurde ihr erwidert, einen solch unerhörten Fall habe man noch nie gehabt. Man wisse nicht, wie man ihn bearbeiten solle.
Trotzdem hoffe ich aufs Heimkommen zu Euch. Bei Gott ist kein Ding unmöglich, das habe ich inzwischen erfahren. Aus allen Euren Briefen spricht so viel Geschwisterliebe, nach der ich mich ein Leben lang sehnte. Gottlob bin ich munter, auch mein Kopf wird heller. Das Asthma ist viel besser. Ich erhole mich, es ist die Freude, Euch wieder zu haben ...

An Neujahr gab Liesel ein Fest in ihrem Häuschen. Sie schreibt anschaulich von den duftenden Paketen, den mit bundesdeutschem Flitter ausgeschmückten Stuben, goldfunkelndem Lametta, Sternen- und Lichterglanz.

Alle Bekannten in Anscherka freuten sich selbstlos und ohne Neid an der glücklichen Wendung von Tante Thiessens Geschick. Sie selbst sah ihrem 70. Lebensjahr gelassen entgegen. An ihre Heimreise wollte sie allerdings erst so richtig glauben, wenn sie drüben in Deutschland aus dem Zug steigen würde.

Im April kamen die Ausreisepapiere tatsächlich bei der Milizbehörde in Anscherka an.
Manchmal habe ich Angst, vorher zu sterben, schrieb Liesel. Kurz vor der Abreise erkrankte sie noch einmal an heftigem Fieber. Aber der Wille, die Geschwister wiederzusehen, war stärker und siegte über alle Beschwerden.

Anscherka, 6. Mai 1967

Liebe Geschwister! ... Dies ist nun mein letzter Gruß von hier. Wenn es Gottes Wille ist, so fahre ich morgen abend um 9 Uhr hier weg. Allein bis Moskau. Komme am 10. Mai in Moskau an. Wenn keine Hindernisse eintreten, man weiß ja nie, fahre ich gleich nachts weiter nach Berlin ...

Lange ehe am Abend der transsibirische Express einlief, bewegte sich, einer Wallfahrt gleich, ein Zug von Einwohnern aus Anscherka zum Bahnhof. Jeder wollte dabei sein, wenn Tante Thiessen in ihre Heimat zurückfuhr. Russen, Tataren, Deutsche, Baschkiren – sie alle wollten ihr zum Abschied winken.
Der Zug hatte nur zwei Minuten Aufenthalt auf der Station, und der gutherzige russische Schaffner war etwas in

Not, als er die vielen Babuschkas sah, deren tränenreicher Abschied kein Ende nehmen wollte. Da aber von der Miliz niemand um den Weg war, fuhr der Lokführer erst ab, als die Leute sich einigermaßen beruhigt hatten.
»Die paar Minuten Verspätung hole ich in dieser guten Jahreszeit auf der weiten Strecke wieder ein«, meinte er humorvoll.

Nur wegen meiner Wenigkeit, notierte Liesel später stolz, *bekam die transsibirische Eisenbahn Verspätung.*

Das gleichmäßige Klappern der Räder erinnerte sie an jene Fahrt, die sie als junges Mädchen von der Ukraine ins Ungewisse der Internierung gemacht hatte. Das lag nun ein halbes Jahrhundert zurück. Die Bilder der Vergangenheit schoben sich vor ihre Seele, während sie, vor sich hindämmernd, in die Nacht hineinfuhr; ihr ganzes Leben zog an ihr vorüber, und hätte nicht immer wieder der zerschmetterte Rücken geschmerzt, so hätte sie denken können, alles sei nur ein schwerer Traum gewesen.
Der Morgen nahte; in der zarten rosenfarbenen Dämmerung sah sie bei Swerdlowsk das Uralgebirge aufsteigen. Sibirien lag hinter ihr.

Der Zug näherte sich Moskau, der türmereichen Riesenstadt. Die Gesichter der Menschen wirkten aufgeschlossener, ihre Kleidung gepflegter. Die alten Männer sahen aus wie Tolstoi selbst.
Nun war ich so lange in Rußland, dachte sie, aber Moskau kenne ich nicht. Welch ein Land ...

In der russischen Metropole begann die Mühle unendlich vieler Kontrollen. Man glaubte zunächst nicht, daß Liesel Deutsche sei. Sie wirkte wahrhaftig wie eine Sibiriakin. Obwohl ihre Papiere alle in Ordnung waren, versuchte man, sie als Dolmetscherin zurückzuhalten. Es war ihre Rettung, daß sie nie Russisch schreiben gelernt hatte. Schließlich entdeckte einer der Beamten, daß sie doch noch Geld haben müsse, da sie in Sibirien ihr Haus verkauft habe. Das war richtig. Sie mußte ihre gesamte Barschaft zurücklassen und bestimmen, wer das Geld bekommen solle.
»Kein Rubel darf über die Grenze«, behaupteten die Kontrolleure. Als ihr schließlich die Geduld ausgehen wollte, scherzte sie:
»Brüderchen, Brüderchen, was wollt ihr nur von solch einer alten, armen Babuschka!«

Spät am Abend ging der Zug weiter, in Richtung Westen. Die bekannten Namen hart umkämpfter Kriegsschauplätze tauchten auf. Wie viel war gelitten worden von den beiden Völkern, die in Liesels Herzen doch so nah beisammen wohnten!

Während sie nun durch die Nacht in Richtung Bundesrepublik fuhr, machte sich auf der anderen Seite Europas, in Holland, eine Diakonisse auf den Weg und fuhr der Heimkehrerin entgegen. Es war Liesels jüngere Schwester Martha, die in Amerongen im dortigen Diakonissenhaus arbeitete. Sie war vor einem Jahr schwer krank gewesen und hatte dabei mehrmals lebhaft von der vermißten

Schwester in Rußland geträumt. In ihrer Herzensnot hatte sie zu Gott gefleht, er möge ihr doch ein Zeichen über Liesels Verbleib geben, lebend oder tot.
Wenige Tage danach war Liesels erster Brief eingetroffen.
Martha hatte ihren Jahresurlaub aufgespart, um ihn mit der Schwester zusammen erleben zu können. Obwohl es damals nicht üblich war, daß Diakonissen ihren Urlaub außerhalb der vorgesehenen Erholungsheime verbrachten, wurde ihr diese Ausnahme gern gestattet.

Viele Kilometer voneinander entfernt seufzten beide Frauen, jede an ihrer Durchgangsstelle, als die Grenzkontrolle der DDR gar so gründlich vorgenommen wurde. Sogar Liesels Zahnpastatube wurde ausgedrückt.
»Sie müssen auch noch ein Herz haben und nicht nur Kontrolle«, sagte sie zu der Beamtin, die sie entkleidete. Erst als sie ihre Quittung mit den zurückgelassenen Rubeln vorlegte, ließ man sie ziehen.

Am Abend des 11. Mai 1967, kurz vor Pfingsten, betrat Elisabeth Thiessen nach 55 Jahren zum erstenmal wieder den Boden ihres Vaterlandes.

Martha stand bereits wartend am einlaufenden Zug. Die Vorfreude hatte sie derart verjüngt, daß Liesel sie nur an ihrer Tracht erkannte. Weinend fielen sich die beiden Schwestern, die einander als Kinder verlassen hatten, in die Arme.

Zunächst muß jeder Rücksiedler das Durchgangslager Friedland passieren. Martha hatte sich zuvor schon nach der Weiterfahrt erkundigt. Teilnahmsvoll hatte der Beamte ihre Geschichte angehört. Dann sagte er:
»Über Pfingsten wird in Friedland nicht gearbeitet. Fahren Sie ruhig vorher mit Ihrer Schwester nach Hause.«
»Zuhause«, das war jetzt der Prehof. Sogar das Telegramm, das die Ankunft in Passau meldete, hat der Bruder aufbewahrt.
Aufmerksam blickte Liesel während der Fahrt durchs Fenster.
»Wie schön ist es bei euch – trotz der Kriegsverwüstung«, sagte sie verwundert, nachdem man die DDR verlassen hatte. »Diese gepflegten, neuen Häuser! Aber wie klein ist doch Euer Land! Jetzt sind wir schon in Bayern! Hat Hitler das nicht gewußt? Er hätte doch sonst keinen Weltkrieg anfangen können!«

Bei ihrer Ankunft sah sie sich einem Sturm von Journalisten und Reportern ausgesetzt. Die sensationelle Heimkehr hatte sich in Windeseile herumgesprochen. Liesel verstand zunächst kein Wort; die bayerische Dialektfärbung war ihr fremd. Sie ließ sich aber nirgends aus der Ruhe bringen. Es würde sich schon alles finden und ordnen.
Als sie dann über die Schwelle des Bruderhauses trat, wurden ihr von den Verwandten zum Empfang einige Sätze aus dem 138. Psalm zugesprochen:
»Ich danke dir von ganzem Herzen... Du hast dein Versprechen erfüllt. Du hast mich erhört, als ich zu dir schrie.

Gewaltig ist der Herr. Trotzdem sieht er die Niedrigen und kümmert sich um sie... muß ich auch mitten in Bedrängnis wandeln, so erhältst du mein Leben...«

Da endlich löste sich ihre Spannung. Der kleinen, schmalen Frau mit den zusammengeschundenen Händen entfielen die Empfangsblumen. Sie schwankte, erschüttert vor Glück, ließ sich in die Arme ihrer Schwester Martha fallen und weinte, weinte die Last aller erlittenen Schmerzen von ihrem Herzen, wie ein verlorengegangenes Kind, das nach langen, verzweifelten Wegen endlich wieder nach Hause gefunden hat.

Die fremde Welt des Westens

Vielleicht gibt es schönere Zeiten, aber diese ist die unsrige.

Jean Paul Sartre

»Auf dem Hof ihres Bruders«, so schrieb eine niederbayerische Zeitung, »verbringt nun Elisabeth Thiessen nach schwersten Jahren einen sorglosen Lebensabend, wie sie ihn sich über Jahrzehnte hinweg erträumt hat.«

Aber ach, des Menschen Herz ist ein gar seltsam Ding!

Über Pfingsten kamen alle Geschwister auf dem Prehof zusammen. Anschließend mußte die Reise nach Friedland absolviert werden. Auch sie ging glatt vonstatten und alle sechzehn Abfertigungsstellen wurden flott und ohne Aufenthalt durchlaufen; die Beamten waren freundlich und hilfsbereit. Auf dem Prehof wurde Liesel bestens versorgt. Martha half ihr beim Einkauf ihrer Kleider und der Wäsche, sie sorgte für ärztliche Betreuung und nahm sich Zeit für Liesels Erzählungen, denen nicht immer leicht zu folgen war, weil ihr oft die dafür nötigen deutschen Worte fehlten und Erinnerungslücken auftraten. Man übte Rücksicht im Blick auf ihre gesundheitlichen Grenzen, auf den empfindlich gewordenen Magen; man achtete ihr hartes Schicksal.

Dennoch – als Martha nach Beendigung ihres Urlaubes wieder nach Holland zurückkehrte, war sie voller Sorge im Gedanken an die Heimgekehrte. Würde sie sich zurechtfinden?

Diese Sorgen waren nicht unberechtigt. Liesel fühlte sich lange nicht so glücklich, wie sie sich das zuvor ausgemalt hatte. Wie fremd war ihr alles! Sie hatte Deutschland vor dem Ersten Weltkrieg verlassen – und sie fand nichts mehr von dem wieder, was einst gewesen war. Ja, doch, der Deutschhof, der war noch fast wie früher; ihr Bruder Rudi hatte sie bald dorthin gebracht.* Aber sonst? Sie wußte kaum etwas vom Ersten Weltkrieg, fast nichts vom Dritten Reich und noch weniger vom Zweiten Weltkrieg. Wie sehr hatten diese Jahre die deutschen Menschen verändert! Und sie selbst? War sie inzwischen nicht eher Russin als Deutsche? Sie erinnerte sich eines Wortes von Dostojewski, das Onkel Benjamin früher gelegentlich zitiert hatte, wenn er mit der westlichen Welt nicht zurechtgekommen war: *»Sie haben eine andere Seele.«* Der Dichter hatte dies im Blick auf die Amerikaner gesagt. Aber galt es inzwischen vielleicht für den ganzen Westen? Empfand sie deshalb das Leben hier so überaus anstrengend? Wenn sie in einem mit Waren überfüllten Kaufhaus ein Nachthemd erstehen wollte, wurden ihr zwanzig verschiedene Gebilde vorgelegt. Aber sie war es nicht mehr gewöhnt, sich zu entscheiden; die sowjetische Planwirtschaft hatte jede persönliche Gestaltungsfreiheit unterbunden.

Beim Überqueren der Straße hatte sie inmitten von wortwörtlich atemberaubendem Autogewühl und Benzingestank zu warten, bis die Ampel grün wurde. Die vielen Leute gingen in hellen, beschwingten Sommerkleidern

* Der Deutschhof ist inzwischen aufgesiedelt.

umher, aber sie hetzten von einem Termin zum nächsten, hatten angespannte Gesichter und hasteten aneinander vorüber, als seien sie nicht Angehörige ein- und desselben Menschengeschlechtes.
Alle hatten sie schrecklich viele Bekannte, aber keine Zeit mehr für wirkliche Begegnungen. Sie lebten beinahe leibhaftiger mit den Stars auf dem Bildschirm, von denen Liesel keinen kannte.

Jeder Tag brachte eine Flut von Angeboten, Prospekten, Reklamezetteln, Preisausschreiben, Informationen, Zeitschriften. Man sollte kaufen, kaufen und nochmals kaufen! Das Fernsehen warf eine bunte Flut von Bildern in die Wohnstube hinein, aus dem Radio tönte dauernd Musik. Mit wie viel Unnötigem beschäftigten sich hier die Menschen, nachdem sie das Nötigste hatten!

Ununterbrochen wurden Straßenfeste, Vereinsfeiern, Reisen und Ausflüge organisiert.
Wann blieb diesen Menschen eigentlich noch die Zeit, um leben und sterben zu lernen? Vor lauter Eindrücken machte nichts mehr einen wirklichen Eindruck auf sie. Am anderen Tag war es schon wieder vergessen. Nichts mehr ging in die Tiefe. Die freie Marktwirtschaft diktierte den meisten freiberuflich Tätigen einen eisernen Existenzkampf auf. Sie besaßen alles, aber sie hatten sich in eine Veräußerlichung hineintreiben lassen, die sie schon gar nicht mehr merkten. Es kam der Rücksiedlerin vor, als würden die Menschen an ihrer Konsumwelt ersticken.
Fragen über Fragen stürmten täglich neu auf sie ein.

Zudem fielen in ihre erste Zeit in der Bundesrepublik die Anfänge der Jugendrevolutionen. Sie war entsetzt über die verdorbenen jungen Leute, die Kaufhäuser anzündeten, Straßenschlachten lieferten, keinen Idealismus mehr kannten und jeder Art von Autorität mißtrauten. Sie verstand rein nichts von den umwälzenden Vorgängen, die dann freilich wieder einmal so anders endeten, als sie ursprünglich beabsichtigt waren.

»Der ganze Westen ist eine einziger Sündenpfuhl!« behauptete sie.

Wenn sie nachts wach lag, dachte sie an den weiten, klaren Sternenhimmel Sibiriens, an die große Stille, höchstens unterbrochen von fernem Hundegebell. Der mühsame Kampf um Nahrungsbeschaffung, die Kälte und kontrollierte Meinungsäußerung waren vergessen. Sie dachte an die anspruchslosen, einfältigen Menschen, mit denen sie sich tiefer verbunden fühlte als mit den fremd gewordenen Geschwistern, deren Gespräche, Interessen, Sorgen und Probleme sie kaum verstand.

»Ich bin ein Fremdling in dieser Welt«, stellte sie resigniert fest. Hier brauchte man einen »Rahmen« für das Bild seines Menschseins: Ein Haus, einen Besitz, ein Auto, Geld, einen angesehenen Beruf oder akademische Bildung; als Frau ein jugendliches Aussehen und Eleganz. Liesel besaß diesen Rahmen nicht und sie spürte auf Ämtern, Behörden oder bei Einkäufen genau, daß sie mit ihrem fremdländischen Akzent als Mensch zweiter Klasse galt. Das verletzte ihren Stolz und ihre Würde, aber wenn sie sich dagegen zu wehren versuchte, gelang ihr dies meist daneben. Man lachte darüber und nahm sie nicht ernst.

Sehr nachdenklich hat mich in diesem Zusammenhang ein von Liesel aufbewahrter und dick angestrichener Brief aus der DDR gemacht. (Sibirische Bekannte waren zu ihren Kindern nach Thüringen gezogen. Es war ihnen gelungen, einen Besuch bei Verwandten in der Bundesrepublik zu machen.)

Wir sind froh, daß wir wieder zurück sind, hier in der DDR, heißt es in dem Brief. *Nein, diese Überheblichkeit! Sie haben ja rein alles – ein herrliches Haus, eine schöne Einrichtung, viel gutes Essen. Und was sie wegwerfen! Wir sind uns wie geringe Verwandte vorgekommen. Sie nehmen einem allen Stolz. Sie sollten sich schämen! Wenn sie wenigstens demütig und dankbar wären, daß es sie nicht so hart erwischt hat wie uns...*

Ja, es war auch für Liesel schwer, als arme Verwandte zu gelten. Zwar bemühte sich Bruder Heinrich sofort um ihre Rentenansprüche, wobei ihm die aus dem Ersten Weltkrieg aufbewahrte Kriegsgefangenenpostkarte ausschlaggebende Hilfe leistete. Aber auch hier in der Bundesrepublik hatte man noch nie einen solch unerhörten Fall gehabt, und es dauerte eine Weile, bis die Gelder kamen. Zunächst mußte die Mittellose um jede Briefmarke, um jedes Telefongespräch bitten. Oft hatte sie den Eindruck, daß es für ihre Geschwister einfacher gewesen wäre, wenn sie nicht zurückgekehrt wäre.

»Es ist schade«, sagt die Russin Tatjana Goritschewa, »daß der Westen den *Wert* des Leidens nicht versteht.«

Liesel bemühte sich, sie bemühte sich sehr! Ihr manchmal verwirrter Kopf begann als erstes mit dem Wiedererlernen der deutschen Sprache; es erschien ihr als das Vordringlichste. Diese Sprache hatte sich im Lauf der Jahrzehnte verändert. Die Notizen, die sie sich darüber machte, sind rührend und spiegeln ein Stück deutscher Kulturgeschichte nach dem Zweiten Weltkrieg wider: Jeans, Pullunder, T-shirt, Job, Hobby, Streß, Happyend, Team usw.
Sie hatte im Laufe ihres Lebens kämpfen gelernt.

Oh, man muß es ihnen zeigen, daß man noch leben will, notierte sie einmal, und fügte ein russisches Sprichwort an: *Wer sich zum Schaf macht, den frißt der Wolf.* Je vertrauter sie schließlich mit ihrer Umgebung wurde, desto weniger hielt sie mit ihren Ansichten hinter dem Berg, und sie war davon überzeugt, daß ihre Meinung über den verderbten Westen uneingeschränkt richtig war.

Für ihre Geschwister war es erstaunlich zu erleben, wie sehr sie doch von sowjetischer Ideologie geprägt worden war. Jahrzehntelang hatte sie nie etwas Gutes über den verhaßten Westen gehört. Zu einer selbständigen Stellungnahme fehlte ihr wohl auch die ausreichende Bildung. Es gab manche Zusammenstöße mit den Meinungen der anderen, die sie nie richtig begriff. Bei solchen Auseinandersetzungen gewann sie ihr altes, unverblümtes Temperament zurück (das übrigens dem Temperament ihres Bruders Heinrich nicht unähnlich war).
Konnte dies auf die Dauer gut gehen?

Ein bitterer Schmerz traf sie nach einem Jahr ihres Hierseins: Ihre Schwester Martha, die ihr innerlich am nächsten gestanden hatte, starb plötzlich nach kurzer Krankheit. Beide Schwestern hatten vereinbart, ihren Ruhestand miteinander zu verbringen. Liesel war sehr traurig. »Aber Gott macht keine Fehler«, sagte sie schließlich still. »So habe ich es erlebt. Wir haben uns zu fügen.«
Die Situation im Haus des Bruders wurde dadurch nicht leichter. Nach zwei Jahren endlich faßte sich Heinrich ein Herz und schrieb an seinen Onkel Fritz, der die mennonitischen Altersheime in der Bundesrepublik betreute:

Prehof, 7.2.69

Lieber Onkel Fritz!
... Liesel kann und kann sich nicht eingewöhnen ...
Wir haben uns wirklich eingesetzt. Sie wurde mit offenen Armen aufgenommen. Wir gingen über alle doch erheblichen Unannehmlichkeiten hinweg und versuchten immer wieder neue Möglichkeiten des Zusammenlebens. Sie verstand uns nicht. Man muß sich ja auch vorstellen: jahrzehntelang wurde sie von nichts als der Sowjetpropaganda berieselt. Das formt eben doch den Menschen, auch wenn er es selbst gar nicht sieht.
Ein längeres Zusammenleben bei uns wird nicht möglich sein. Wir unternahmen zunächst nichts. Dann machten wir sie vorsichtig mit dem Gedanken vertraut, daß ein gutes Altersheim für sie mit der Zeit vielleicht doch das Richtige wäre. Darauf erschrak sie und erkrankte. Als sie Anfang November letzten Jahres wieder soweit hergestellt war, verordnete der Arzt Tapetenwechsel. Es war dies aber mehr die Sorge um meine Frau, die am Ende ihrer Kräfte ist.

Kannst Du uns Auskunft geben, was ein Aufenthalt in einem Eurer Altersheime kostet? Erst dann können wir dazu Stellung nehmen ...
Bis dahin schicken wir Liesel erst mal ein wenig auf Reisen ...
Dein Neffe Heinrich

Liesels Notizen aus jenem Jahr des »Herumgereichtwerdens« bei den Geschwistern, sonstigen Verwandten oder in Erholungsheimen (beispielsweise auf dem Thomashof bei Karlsruhe oder auf der Hensoltshöhe bei Gunzenhausen in Franken) sind von heftigen Auseinandersetzungen mit sich selbst und anderen geprägt. Alles in ihr ist empört und enttäuscht. Sie versteht sich dabei auch selbst nicht mehr und ist über sich verzweifelt. Manchmal klingt Heimweh nach Rußland an, es ist jedoch ein wenig verklärt und entspricht sicher nicht der Realität.

Gesundheitlich erholte sie sich aber überraschend gut. Ihren 72. Geburtstag konnte sie wieder in Munterkeit und Frische feiern. Er war durch und durch geprägt von der an diesem Tag stattfindenden Mondlandung des Amerikaners Neil Armstrong. Sie gönnte es den Amerikanern nicht, daß sie jetzt ihre Flagge in Frau Lunas Busen steckten. Zehn Jahre zuvor hatten die Sowjets mit der Mondsonde Lunik solch interessante erste Aufnahmen von der Rückseite des Mondes gewonnen. Die Bilder waren durch alle russischen Zeitungen gegangen. War das nicht viel fortschrittlicher gewesen?
»Nun streiten sich die beiden Supermächte auch noch um den guten alten Mond – das ist kindisch!« konstatierte sie.

Inzwischen hatte sie entdeckt, daß man im Westen seine Auffassungen frei äußern konnte, ohne sogleich in Verbannung zu geraten. Es ist nicht zu verheimlichen, daß sie wackeren Gebrauch von diesem Recht der freien Meinungsäußerung machte. Manche ihrer Ansichten konnte man aber nun doch nicht unwidersprochen lassen, wenn man sie überhaupt ernst nehmen wollte. Und da sie sich zu wehren wußte, war es in jener Zeit nicht immer leicht, friedlich mit ihr auszukommen.

Auffallend ist, daß sie ihrem Onkel Hans Hege, mit dem sie eine lebhafte Korrespondenz führte, auch nicht die kleinste Andeutung von Spannungen in der Bruderfamilie preisgab. Es scheint, daß ihr klar war, nicht immer nur richtig geredet und gehandelt zu haben. Denn sie wußte: Der Onkel wäre den Dingen auf den Grund gegangen.

Wie aber sollte es nur weitergehen? Es mußte sich doch mit der Zeit eine ständige Bleibe für die Heimgekehrte finden lassen!
Der Aufnahme in ein Altersheim widersetzte sie sich entschieden.
»Das würde euch so passen!« sagte sie energisch. »In Rußland schickt man eine Verwandte nie ins Altersheim! Bin ich deshalb zu euch gekommen, daß ihr mich in ein Heim abschiebt?«
Etwas von ihrer alten zähen Kraft loderte bei diesen Ausbrüchen in ihr auf. Sie stellte sich unter einem Seniorenheim ein Armenhaus vor.

Jeder einzelne von uns und in der großen Verwandschaft überlegte sich einen Ausweg. Die einen standen allzu hart im Berufsleben und konnten eine manchmal Pflegebedürftige nicht zusätzlich versorgen, die anderen waren selbst alt und an der Grenze ihrer Kraft. Oft waren die Wohnverhältnisse ungünstig, manchmal waren kleine Kinder da, die ganzen Einsatz erforderten. Bei diesem Nachdenken wurden wir traurig über uns selbst. Kein Raum für eine Heimatlose! Einst, im Krieg, war so vieles möglich gewesen. Nun aber hatten wir uns alle gemütlich eingerichtet, fanden nicht mehr aus unseren Lebensgewohnheiten heraus und waren abhängig von einer Unzahl von Menschen und Dingen. Wir hatten es verlernt, zu lieben.
In einem Brief an einen Verwandten schlägt mein Vater, Liesels Onkel Hans, einen ihm gangbar erscheinenden Weg vor:

Domäne Hohebuch, den 28. 6. 69

... Liesel fühlt sich unglücklich. Sie hat Heimweh nach Rußland.
Ich hatte keine Ahnung von den Spannungen.
Wir haben überlegt, wie wir es machen könnten, daß sie zu uns nach Hohebuch käme. Sie war ja einige Zeit hier. Aber abgesehen davon, daß ich selbst 84 Jahre alt bin und vielleicht auch noch der Pflege bedarf, würde sie sich in unserem arbeitsintensiven Betrieb erst recht überflüssig fühlen. Keiner hätte Zeit für sie. Und zu nichts wäre sie nütze. Wahrscheinlich wäre sie todunglücklich.
Ich habe deshalb einen anderen Plan.

Liesel ist in Heilbronn zur Schule gegangen. Die Umgebung bis hin nach Breitenau ist ihr vertraut, ja, sogar ein Stück alte Heimat. Außerdem ist dort eine warmherzige mennonitische Gemeinde, und das braucht sie.
Auch hat sie noch eine Schwägerin in Heilbronn, Gertrud, die Frau ihres früh verstorbenen Bruders Christian. Ich habe deshalb in Heilbronn eine neugebaute Eigentumswohnung für die beiden Frauen erworben, drei große, sonnige Zimmer, bald bezugsfertig. Die zwei Schwägerinnen freuen sich nun sehr, bis sie gemeinsam die schöne neue Wohnung beziehen dürfen.
Einstweilen ist Liesel in Gertruds bisheriger Wohnung mit eingezogen.

Wie sehr täuschte sich da mein Vater! Die beiden Frauen freuten sich gar nicht, miteinander zu leben. Zum einen waren sie gegensätzliche Naturen, zum anderen war jede jahrzehntelang allein lebend gewesen. Jede hatte ihre Gewohnheiten angenommen, mit denen sie jetzt der anderen zur Last fiel. Gertrud war recht eigen geworden, und durch Liesels mangelnde westliche Erfahrungen gab es Pannen über Pannen in dem beengten Haushalt.

Obwohl Liesel nach außen kein Wort mehr sagte – sie beugte sich wohl auch der starken Autorität ihres Onkels Hans – fühlte sie sich einsamer denn je. Sie hatte aber inzwischen Vertrauen gelernt und hielt sich fest daran: *Ich will dich, Elisabeth Thiessen, nicht verwaist lassen.*

Die Tür, die sich nun auftat, war von ganz anderer Art, als Menschen sie sich erdenken könnten.

Im Erdgeschoß des Hauses, dessen Dachappartement Liesel mit ihrer Schwägerin jetzt bewohnte, lebten als Hausbesitzer Herr und Frau Birnbaum. Sie hatten noch eine alte Mutter bei sich. Beide Eheleute waren tagsüber beruflich eingespannt und abwesend. Nun aber wurde die Mutter leicht pflegebedürftig; jedenfalls konnte man sie tagsüber nicht mehr allein lassen. In dieser für das Ehepaar schwierigen Situation erbot sich Liesel, nach der alten Frau zu sehen, die nötigsten Handgriffe zu tun und sie zu versorgen. Alte, kranke und leidende Menschen waren ihrem Herzen nahe, hier war sie auf vertrautem Boden. Und auch körperlich konnte sie jetzt wieder einiges leisten. Die herzhafte, humorvolle Art der Pflegerin mit der starken Zuversicht tat der alten Frau gut, und die bisher so unnütz gewesene Heimkehrerin hatte eine ihren Kräften und ihrem Wesen entsprechende, sinnvolle Aufgabe. Sie stand der alten Mutter auch in deren Sterbenstagen bei.

Aus Dankbarkeit überließ die Familie Birnbaum ihr alle Möbel der Verstorbenen. Damit hatte die Besitzlose wieder eigenes Mobiliar und Gegenstände, die ein Stück Heimat ausstrahlten, denn sie hatte ihre Pflegebefohlene liebgewonnen.

Inzwischen rückte der Tag des Umzuges heran. Es war schließlich die Schwägerin Gertrud, die dem Onkel Hans ganz offen schrieb, sie könne sich ein Zusammenleben mit Liesel nicht vorstellen.
Aus einem Brief von Hans Hege an Familie Birnbaum:

Domäne Hohebuch, den 17. August 1970

Im letzten Augenblick hat uns Frau Gertrud Muselmann klar gemacht, daß die beiden Frauen nicht zusammenpassen.
... Natürlich hätte ich für meine Nichte von Anfang an eine Zweizimmerwohnung erwerben können. Damit hätte ich sie aber damals *erst recht einsam und unglücklich gemacht. Sie war es gewohnt, in einer Gemeinschaft von Nachbarn zu leben.*
Inzwischen durfte meine Nichte den Dienst an Ihrer verstorbenen Mutter tun. Sie ist überwältigt von der Art, wie Sie ihr diesen Dienst danken: mit einer Wohnmöglichkeit weiterhin im Dachstock Ihres Hauses und der Überlassung aller Möbel. Sie hat damit ein Stück Heimat gewonnen. Erste, zarte Wurzeln können wieder Boden finden.
Es ist eine große Demütigung für uns, daß keiner aus unserer ganzen Verwandtschaft ihr die heimatliche Zuflucht geben konnte, die sie nun bei Ihnen gefunden hat. Bewahren Sie ihr doch weiter die Wertschätzung, die Sie der schwergeprüften Tochter meiner ältesten Schwester bis heute entgegenbringen ...
Frau Gertrud Muselmann wird nun allein in die neue Wohnung ziehen. Ich möchte Sie bitten, den Mietvertrag von Frau Thiessen unter meiner Bürgschaft abzuschließen ...

Liesel blieb nun in der traulichen Wohnung im Haus der Familie Birnbaum. Ihre alte Lebensfreude kehrte zurück. Unverdrossen machte und empfing sie Besuche, verjüngte sich erstaunlich, kam auch mit ihrer Rente zurecht. Bewußt scheint sie die Lasten vergangener Jahre zurückgeschoben zu haben, um sich einem neuen, für sie durch-

aus reizvollen Lebensabschnitt anzuvertrauen. Manchmal erinnerte sie mich an ein Kind, das dem Augenblick lebt. Die Heilbronner Mennonitengemeinde nahm die Weitgereiste verständnisvoll in ihrer Mitte auf.
»Seit ich nach Deutschland zurückgekommen bin, habe ich so viel über Ost und West gelernt wir früher in dreißig Jahren nicht«, sagte sie einmal zu mir, als ich sie besuchte. »Manchmal ist mir grade, als würde ich in zwei Hälften auseinanderbrechen. Wie soll ich sie nur wieder zusammensetzen?«
Ich erwiderte ihr mit Gracians Handorakel (1602–1658): »Die eine Hälfte der Welt lacht über die andere, und Narren sind sie alle!«
Sie wurde ernst.
»Ja, vielleicht sind sie Narren. Aber *lachen* – nein, das taten wir drüben nicht. Und hier tu ich's auch nicht. Wir haben doch alle miteinander viel Angst. Ich habe lernen müssen, den Schrecken ins Auge zu sehen. Das verändert die Angst. Manchmal frage ich mich, ob wir alle – in Ost und West – verdrängen, was wir sehen und erkennen müßten. Wenn wir mutiger sehen lernen würden, könnten wir vielleicht ein Stück weit unsere Angst vor dem anderen und auch vor der Zukunft überwinden.«

Im Lauf der kommenden Monate wurde sie von allen ihren Geschwistern besucht.

Ihr habt in dem gegenseitigen Bemühen, unter alles schief Gelaufene einen tapferen Strich zu ziehen, einige schöne Tage miteinander verbracht, schrieb mein Vater. *Bitte, bitte, liebe Lie-*

sel, verstehe die gute Absicht und den aufrichtigen Willen aller. Die Wunden sollen heilen und nicht durch dauerndes Berühren und unversöhntes, zorniges Aufwühlen immer neu schmerzen!

Denn – das muß nun auch hinzugefügt werden – Liesel war »kein ausgeklügelt Buch, sie war ein Mensch mit seinem Widerspruch.« So friedlich sie uns an manchen Tagen erschien, so heftig war sie an anderen. Man muß das verstehen. In Sibirien waren alle arm gewesen, jeder hatte einen lieben Angehörigen verschleppt oder ermordet gewußt. Man brauchte einander. Kein Neid raubte einem den inneren Frieden. Hier aber erlebte sie die Geschwister geborgen im Kreis der Familie, der Kinder und Enkel. Hunger, Armut, Kälte und Schmerzen waren ihnen weithin fremd geblieben. Da galt es, unentwegt an sich zu arbeiten, um frei und dankbar zu werden.
Mit der Zeit gelang es ihr, auch diese neuen Lebenslektionen zu lernen.

Als ich mich einmal telefonisch nach ihrem Befinden erkundigte, erwiderte sie:
»Es geht mir augenblicklich wunderbar gut. Aber im allgemeinen wird schon dafür gesorgt, daß es mir nicht zu wohl wird. Mal sehen, was jetzt kommt!«
»Du traust deinem Schicksal nichts Gutes mehr zu?« fragte ich zurück.
»Nun ja – es ist eben so: glatte Lebensstrecken waren mir nie über einen längeren Zeitraum beschieden. Ich nehme an, ich brauch' das so. Ohne Kelter keinen Wein.«

Kurze Zeit darauf erlitt sie einen Schlaganfall. Man brachte sie ins Heilbronner Krankenhaus. Er war jedoch nur leicht, und sie konnte bald wieder in ihr geliebtes Heim zurückkehren.
Der zweite, bald folgende Schlaganfall war ernsterer Natur. Während sie im Krankenhaus auf den langen, glänzenden Fluren das Gehen übte, wurde ihr klar, daß sie sich nicht mehr selbst versorgen könne.
Was nun? Sie war ein stolzer Charakter. Sie wollte unabhängig und frei sein dürfen.
Die Vorstellung, in ein Altersheim zu müssen, war ein Alptraum für sie. Man durfte zunächst gar nicht daran rühren. Man mußte ihr Zeit lassen, sich innerlich zurechtzufinden.
»Ach, was wird mir noch alles abverlangt?« seufzte sie.
War es Gottes Plan mit ihr? Dann würde ihm nicht auszuweichen sein, und sie bäumte sich vergeblich auf.
»Tut, was ihr für richtig haltet«, sagte sie schließlich eines Tages zu meinem Vater, der sich viele Sorgen um ihre Zukunft gemacht hatte. »Es wird schon alles gut werden. Um mich hab' ich mich – endlich – ausbekümmert.«

Endlich daheim!

Eine alte Frau geht über die Straße. Sie hat Kinder aufgezogen und Undank geerntet. Sie hat gearbeitet und lebt in Armut. Sie hat geliebt und ist allein geblieben.
Aber sie ist fern von aller Bitterkeit und hilft, wo sie kann.
Jemand sieht sie ihren Weg gehen und sagt:
»Das muß ein ›Morgen‹ haben.«

Victor Hugo

Wir haben inzwischen mit einem schönen Alters- und Pflegeheim in Heilbronn Fühlung genommen, schrieb Onkel Hans Hege an Familie Birnbaum, in deren Haus Liesel weiterhin Wohnrecht hatte.
Frau Thiessen wird ja nun bald aus dem Krankenhaus entlassen. Wir haben die Zusage bekommen, daß in etwa acht bis zehn Wochen in dem Heim ein Platz für sie bereit ist. Ich möchte Sie davon schon heute in Kenntnis setzen, weil ja dann die Wohnung frei wird. Sobald es Ihnen möglich ist, würde ich gerne alle anfallenden Fragen der Miete mit Ihnen besprechen...
Mit Wehmut denken wir daran, daß Frau Thiessen nun die Wohnung, in der sie so glücklich war, und die Menschen, bei denen sie eine neue Heimat fand, verlassen muß. Aber sie sieht die Notwendigkeit ein und ist mit der Lösung, ins Altersheim zu gehen, einverstanden...

»Es ist ein Gesetz meines Lebens, daß ich von Ort zu Ort ziehen muß, bis die letzte Station erreicht ist«, tröstete sich Liesel mit einem Anflug von ergebener Heiterkeit.
Nach ihrer Entlassung aus dem Krankenhaus wurde sie von mennonitischen Freunden zur Erholung auf das Schloßgut Lautenbach geholt, nur wenige Kilometer von Heilbronn entfernt.
Das Pächterehepaar Ernst und Lise Landes, bei dem Liesel die Wochen bis zum Einzug ins Altenheim verbringen durfte, war nicht mehr jung. Der Sohn hatte bereits die Verantwortung für den Betrieb übernommen. Die anderen Kinder lebten größtenteils schon auswärts. Der mütterlichen Frau Landes war es jedoch ein tiefes Bedürfnis, für jemanden zu sorgen, der ihrer Wärme und Liebe bedurfte. Es war ein Grundzug ihres Wesens, sie konnte gar nicht anders.
»Hier fühle ich mich daheim«, sagte Liesel manchmal dankbar und mit verhaltener Wehmut, wenn sie vom Fenster ihres behaglichen Stübchens aus auf die weiten, schönen Felder des Lautenbacher Hofes hinaussah. In der Atmosphäre schonender Geduld und einfühlsamer Fürsorge wußte sie sich geborgen wie kaum jemals in ihrem Leben. Die äußere Umgebung erinnerte sie täglich an ihre harmonische Kindheit auf dem Deutschhof.
Das Freiwerden des Platzes im Altersheim zögerte sich hinaus, aber ihr war es gerade recht so. Wenn man sie besuchte, hatte man den Eindruck, daß sie bereits ganz zur Familie Landes gehöre.
Was nun geschah, hat Liesel später als eine Art »Wunder« bezeichnet. Herr und Frau Landes beschlossen, ihren

Pflegling für immer bei sich zu behalten. Sie schätzten die Aufgabe durchaus realistisch ein, aber sie erkannten deutlich, daß sie ihnen vor die Füße gelegt worden war.
»Wie merkwürdig geht es doch manchmal zu im Leben!« berichtete uns Liesel. »Wenn man zu einer schwierigen Sache ein inneres »Ja« gefunden hat und bereit ist, sie auf sich zu nehmen, dann wird man davon befreit!«
Mein Vater war geradezu glücklich über die Wendung der Dinge, als er uns die erfreuliche Mitteilung machte. Ihm war nie wohl gewesen bei dem Gedanken, Liesel in ein Altersheim zu geben.
Es ist im wörtlichen Sinn eine wunderbare Lösung, schrieb er, *das ist Christentum der Tat.*

Ich komme mir vor wir in einem Paradiesgärtlein, dachte Liesel oft, wenn sie an milden Sommernachmittagen drunten im Garten saß. Er war eine Art Burggarten, vom Schloß abgetrennt, mit lauschigen Ecken und duftenden Rosen. Alles atmete Wohlwollen und Freundlichkeit.
Tante Liesel Thiessen war ein Bestandteil der großen Familie Landes geworden, und auch wenn die eigenen Kinder anwesend waren, verlor Frau Landes ihre Pflegebefohlene nie aus den Augen. Liesel lernte unmerklich viel von dieser offenen Güte, die sich selbst vergaß, ohne daß es ihr eine Anstrengung kostete.
»Ich bin noch nie so glücklich gewesen in meinem Leben!« Wie oft hat die nun in den Siebzigern Stehende das zu uns gesagt! Wieder begann ein neuer Lebensabschnitt, und trotz ihrer hohen Jahre und starker körperlicher Begrenzungen füllte sie ihn mit erstaunlicher Lebendigkeit.

Die vertrauensvolle Herzlichkeit der Familie Landes beeinflußte auch ihr Wesen: Sie überwand alles bisher unversöhnt Gebliebene. Sie schloß Frieden mit dem Gang ihres Schicksals und den Anlagen ihres Temperamentes, das ja auch für sie selbst nicht leicht zu tragen gewesen war.

Im Laufe der Zeit entwickelte sie ein Stück seelsorgerlicher Begabung. Wo Leid und Not waren, konnte man zu ihr kommen und fand Verständnis. Auch ganz junge Menschen aus der entfernteren Verwandtschaft schlossen sich ihr gegenüber auf.
In ihrem Notizbuch fand ich einen hübschen Vers, der hierher gehört:

Unglück selber taugt nicht viel!
Aber's hat drei brave Kinder:
Kraft, Geduld und Mitgefühl!
Amalie von Helwig

Ihr Adreßbüchlein nahm mächtig an Umfang zu. Sie vergaß keinen Geburtstag, keinen Kranken, keinen Trauernden. Aber ohne falsche Bescheidenheit erwartete sie auch für sich selbst die entsprechende Aufmerksamkeit.
Manchmal war sie freilich etwas zu sehr von missionarischem Eifer erfüllt. Ihre Glaubenserfahrungen im Laufe ihres langen und gefährdeten Lebens hatten sie überwältigt. Daß jeder einzelne Mensch hierin seine eigenen Erfahrungen zu machen hat und man den Glauben des anderen nirgends nur so einfach übernehmen kann, wollte ihr nicht immer einleuchten. Auch ist es nicht jedem Menschen gegeben, vom Tiefsten in seinem Erleben etwas

mitzuteilen. Nun, wir Näherstehenden wußten, wie sie es meinte, und freuten uns mit ihr, daß sie ihr Leben jetzt als reich, erfüllt und geführt empfand.
Einmal beschwerte sie sich bei meinem Vater brieflich darüber, daß ihr die deutschen Gottesdienste unverständlich seien.
Er schrieb ihr zurück:

... Ich überlege mir, warum Du mit unseren Gottesdiensten nicht zurechtkommst. Ich glaube, Du hast recht, wenn Du meinst, eine Fremdsprache zu hören. Du hast in Rußland die deutsche Sprache lang entbehren müssen. Alles, was wir hier erlebten, ist unverständlich für Dich.
Aber es ist da noch etwas anderes. In Sibirien konntet Ihr ein einfaches Leben führen, abseits vom Zeitgeschehen. Als Sowjetbürger habt Ihr Euer Christsein in reiner Innerlichkeit zu leben gehabt, es mußte geradezu weltfremd bleiben und sich in sich selbst zurückziehen. Es hatte den politischen Problemen gegenüber gleichgültig zu sein.
Hier, bei uns, will die Predigt mit umwandelnder Kraft hineinwirken in das Leben jedes Einzelnen. Der Predigende muß allen *Leuten etwas sagen, den Einfachen wie den Gebildeten, denen, die Verantwortung für diese Welt zu tragen haben oder die im Wirtschaftsleben stehen, aber auch den Jugendlichen und den Alten. Und er muß sie da abholen, wo sie in ihrem Existenzkampf und in der Auseinandersetzung mit ihrem Nächsten ihr Christsein erfahren und bewähren müssen.*
Eine Predigt muß auf viel Suchen im modernen westlichen Menschen antworten. Das ist schwer und bedeutet in der Regel intensivste Arbeit, die der Hörende nicht ahnt. Und sicher kann

auch nicht jede Predigt solch hohen Anforderungen gerecht werden. Trotzdem – wenn Du hinterher nochmals solch eine Predigt langsam lesen könntest, würdest Du gewiß anders denken …

Als ich Liesel im November 1975 an einem Nachmittag besuchte, erkannte ich dankbar, wie harmonisch sie sich inmitten so viel frohen Lebens entwickelt hatte. Sie schien die Vergangenheit wie ein altes Kleid abgelegt zu haben und lebte ganz dem Augenblick hingegeben. »Die gegenwärtige Stunde – das ist Gottes Stunde«, sagte sie.
Nachdem ich mich von ihr verabschiedet und meiner Freude über ihre bejahende Lebenseinstellung gebührenden Ausdruck verliehen hatte, meinte sie mit fast verschmitztem Lächeln:
»Ich habe es dir ja schon einmal gesagt: im allgemeinen wird rechtzeitig dafür gesorgt, daß es mir nicht zu wohl wird.«
Am nächsten Tag erlitt sie einen Oberschenkelhalsbruch.

Ihre Aufzeichnungen aus den Krankenhausmonaten (im Neuenstädter Krankenhaus) zeigen, daß ihr das Liegen sehr sauer wurde. Ihr geplagter Körper, vor allem ihr Kreuz, bereitete ihr viele Schmerzen. Oft war sie mit ihren Nerven am Ende. Jener Krankenhauswinter war von manchen Tränen und immer wieder erneutem Fragen nach dem »Warum« geprägt. Sie hatte nun fast keine Spannkraft mehr, den Anfechtungen leiblicher Nöte standzuhalten.
Ernst und Lise Landes standen, trotz winterlich strengen Temperaturen auf ihren Wegen, täglich an ihrem Bett.

Endlich nahte das Frühjahr, und ihr Befinden besserte sich. Sobald es ihr möglich war, nahm sie Kontakt zu den Mitpatienten auf. Gar nicht wenigen unter ihnen gab sie entscheidende innere Hilfestellung. Manche dieser im Krankenhaus geknüpften Verbindungen blieben über Jahre hinaus erhalten. Auch Ärzte und Schwestern wurden von ihrer Patientin nie vergessen, selbst nach der Entlassung nicht.

Von nun an wurde die Krücke der ständige Begleiter. Als Liesel sich nach ihrer Rückkehr wieder in Lautenbach zurechtgefunden hatte, wagte sie sich nur noch selten die hohe Haustreppe in den sommerlichen Garten hinab, um dort ihren gewohnten Platz einzunehmen.

Desto mehr saß sie jetzt am Schreibtisch und schrieb Briefe. Sie hatte das Bedürfnis, sich mitzuteilen. Es ist hinzuzufügen, daß ihre Ausführungen wohl eher eine Art Selbstgespräch waren und daß die Schreiberin im unbekümmerten Dahinplaudern oft den Faden verlor. Sie korrespondierte mit Bekannten aus aller Herren Länder, von Sibirien bis Amerika.

Dabei vergaß sie nie, die weitgereisten Briefmarken für ihre Neffen zu sammeln. Ihren Bekannten aus Sibirien schickte sie laufend Pakete. Diakonische Einrichtungen und Hilfsorganisationen wurden mit Spenden bedacht. Wie oft habe ich bei der nachträglichen Durchsicht ihrer Papiere an die Geschichte vom Scherflein der Witwe denken müssen!

Ihre Tage wurden nun freilich zunehmend beschwerlicher. Es bedurfte allabendlich einer besonderen Geduld, sie im Bett mit stützenden Kissen, Pölsterchen und Dek-

ken so zurechtzurücken, daß sie ihre Lage als erträglich empfand. Dennoch feierte sie ihren 80. Geburtstag, bei aller körperlichen Zartheit, in erstaunlicher geistiger Frische. Die unkomplizierte, herzliche Gastfreundschaft der Familie Landes verhalf dem Tag zu einem stilvollen, harmonischen Fest. Am Abend erzählte die Jubilarin beeindruckend aus ihrem Leben. Der Schluß war ein großer Dank an Gott und die Menschen.
Dann aber nahmen die Kräfte deutlich ab. Ein Armbruch gestaltete vor allem die Nächte auf längere Monate hinaus recht mühsam. Der Tod des jüngsten Bruders Rudi, zu dessen Familie sie innige Beziehungen geknüpft hatte, traf sie im folgenden Jahr besonders hart.
Leise entfernte sich das Leben von ihr. Über ihren Tod jedoch sprach sie wenig. Er scheint ihr nicht wichtig gewesen zu sein, offenbar hatte sie ihn schon überwunden und war »vom Tod zum Leben hindurchgedrungen«, wie der Evangelist Johannes es ausdrückt. Geduldig und stiller werdend verbrachte sie die ihr noch geschenkte Zeit. Kleine Mahlzeiten bereitete sie sich immer noch einmal selbst und sie war sehr anspruchslos dabei.
Viel Kraft zum Kämpfen hatte sie nun nicht mehr. Es war auch nicht mehr nötig. Sie hatte in einem sehr tiefen Sinn nach Hause gefunden.
»Ende gut – alles gut!« meinte sie einmal; es war typisch für sie und ihre im Grunde optimistische Art.

Eine besondere Freude für sie war, als an ihrem 85. Geburtstag (1982) ihr Name mit herzlichen Glückwünschen im Rundfunk genannt wurde.

»Nie hätte ich gedacht, so alt zu werden«, sagte sie leise. »Aber einen Festkaffee können wir heute nicht veranstalten, ich fühle mich elend.«
Die zahlreich eingetroffene Geburtstagspost blieb ungeöffnet. Für alles war die alte Frau zu müde geworden.

Frau Landes pflegte sie treulich. Auch in der Nacht zum 6. August betrat die tapfere Freundin wie gewohnt unauffällig das Zimmer. Das abgeschirmte Nachtlicht brannte, Liesel lag wach und klar. Nein, sie brauche nichts. Wie oftmals, so hielt sie auch jetzt Papier und Bleistift in den Händen.
Als Frau Landes eine Stunde später nochmals vorsichtig die stille Stube betrat, schien die Kranke tief zu schlafen. Erst als sie ihren Pflegling ansprach, erkannte sie, daß kein Atem mehr ging. Sie erschrak. Damit hatte sie nicht gerechnet. Sie hatte sich fest vorgenommen gehabt, bei Liesels Sterben dabei zu sein. Sie hatte ihre Hand halten und gute Worte zu ihr sprechen wollen. Die Verwaiste sollte gerade in dieser Abschiedsstunde spüren, daß sie nicht verlassen sei. Und nun hatte sie sich ganz allein auf den Weg gemacht! Leicht, wie ein Hauch, war sie entglitten.
Es war der Kalendertag der Bombe von Hiroshima.
Zwischen Liesels noch weichen Händen lag ein beschriebener Zettel.
Behutsam nahm Frau Landes das Papier an sich. War es ein »letzter Wille« oder waren es Worte eines Menschen, dem sich an der Grenze des Lebens weiträumigere Einsichten auftun? Hatte sie noch etwas sagen wollen und nicht mehr können?

Auf dem Notizblatt stand, mühsam zu entziffern, aber doch deutlich, in großen Buchstaben, lesbar:

Leib – Seele – Geist: eine Drei- einheit...
Liebe! Liebe! Liebe!
Verzeiht – mir — alles —
Ich —– las- se —– al- les–zu-rück—–
Dort drüben auf ein —– Wieder- sehen...
Gott—– ver—–gelt—– Euch— a-l-l-e—s

Mit einem langen, willkürlichen Strich bis zum Rande des Papiers endete der Aufschrieb. Seine Majestät, der Tod, hatte ihr den Stift aus der Hand genommen.

Sorgsame Hände betteten die klein gewordene Hülle mit vielen Sommerblumen in den Sarg. Bis in die letzte Erdenstunde hinein hatte sich die Verheißung erfüllt:
»Ich will dich, Elisabeth Thiessen, nicht verwaist lassen.«

Einen Augenblick lang streifte mich der Gedanke, ob es so etwas wie »stellvertretendes Leiden« gäbe. Während wir, die Vettern und Cousinen, fröhliche Familienfeste gefeiert, herrliche Reisen gemacht und die Schönheiten abendländischer Kultur genossen hatten, kämpfte sie mit Hunger, Kälte, Armut und Verlassensein. Gewiß, ihr Leben hatte einen versöhnten Abschluß gefunden. Aber es ist dennoch schmerzlich, daß es unserem menschlichen Erkennen versagt ist, angesichts eines solchen Lebens die Rätsel aufzulösen, die diesseits der Endlichkeit eben unauflöslich sind und bleiben.

In dem noch dörflich wirkenden Friedhof von Bad Friedrichshall-Kochendorf hat die weite, irdische Lebensreise der einst in heiterer Unbefangenheit Ausgezogenen ihr letztes Ziel gefunden. Eine große Schar von Trauergästen begleitete die Heimgegangene im Licht eines strahlenden Sommertages an ihr Grab. Die Abschiedsstunde glich eher einem Fest des Lebens als einem Begräbnis. Draußen auf den Feldern von Lautenbach begann in diesen Tagen die Getreideernte. Gleichnishaft spürte man in der Tiefe das Wort mitschwingen: *Die mit Tränen säen, werden mit Freuden ernten ...*

Nun wehen Sommerwinde und Winterstürme über das schlichte Grab hinweg. Es gibt Zeugnis davon, daß unser ganzes Leben bis ans Ende Kampf, Niederlage und Neuschöpfung ist. Aber es ist gehalten und umspannt von der Zusage: *»Ich will dich nicht verlassen noch versäumen.« (Hebr. 15,5.)*

Epilog

Gestern war ich wieder einmal im blühenden Heilbronner Stadtgarten. Dort habe ich meine Cousine Elisabeth Thiessen zum erstenmal getroffen. Jetzt saß ich allein auf der Bank.

Die Weltenuhr ist inzwischen ein Stück weitergerückt. Das Atomunglück im ukrainischen Städtchen Tschernobyl hat der europäischen Welt erschreckend bewußt gemacht, daß moderne Probleme nicht mehr gegeneinander, sondern nur noch miteinander in Angriff genommen werden können.
Das unruhige Fragen um die Zukunft unseres Erdballs hat zugenommen, sowohl im Osten als auch im Westen. Beim furchtbaren Erdbeben in Armenien reichten alle einander die Hand. Das Ozonloch beschäftigt uns hüben wie drüben. Mühsam bauen wir am gemeinsamen europäischen Haus.
Viele Übersiedler suchen Heimat in unserer eng gewordenen Bundesrepublik. Werden wir es schaffen, sie in der richtigen Weise aufzunehmen?
Technik und Wissenschaft haben ungeahnte Fortschritte gemacht. Mutter Anna müßte heute nicht mehr an der

Tuberkulose sterben, und Liesels Lebensweg verliefe dadurch anders. Statt dessen tauchen neue, lebensgefährliche Krankheiten auf, die wir bis jetzt noch nicht entfernt im Griff haben. Gleichzeitig drohen unsere grandiosen Erfindungen uns über den Kopf zu wachsen. Wir spüren deutlich – bei Pflanze und Tier, von denen wir leben – das Seufzen der Kreatur, an der wir schuldig geworden sind.
Hunger und Elend bedrücken weiterhin die sich rasch vermehrende Weltbevölkerung, und das in einem Ausmaß, von dem wir Nordeuropäer uns nicht gerne eine Vorstellung machen.

Finden wir einen Ausweg aus dieser uns von allen Seiten bedrängenden Gefährdung? Gedankenloses Dahinleben, wie es Elisabeth Thiessen unserer westlichen Welt oft genug vorwarf, ist gewiß keine Lösung. Aber gerade ihr Schicksal beweist uns, daß wir es nicht mit einem »leeren Himmel« zu tun haben und daß wir auch auf Überraschungen gefaßt sein müssen. Bei aller Sorgfalt um verantwortliches Planen haben wir zu akzeptieren, daß uns die Welt und ihre Zukunft nicht in dem Maße gehören, wie wir uns das vielleicht einbilden. Wir kommen nicht darum herum, ein gewaltiges Stück Vertrauen zu wagen. Liesels Leben gibt mir ein wenig Hilfestellung dabei.

Wohltuend mild schien die Sonne auf meine Bank. Ganz unvermittelt aber schoben sich Wolken vor das Licht, und bald begann es auch leicht zu regnen. Unschlüssig erhob

ich mich. Sollte ich weitergehen? Ich hatte nämlich diese Bank als Treffpunkt mit meiner Familie vereinbart.
Doch da stürmten auch schon – wie damals meine Kinder – die kleinen Enkel heran, und, wie immer, hatten sie unerhörte Neuigkeiten von höchster Wichtigkeit loszuwerden. Wir gingen miteinander zum Auto.
»Sieh nur den herrlichen Regenbogen dort!« riefen die Kinder mir zu. »Er entsteht, wenn Sonne und Regen zusammenkommen!«
Ja, so wird es wohl sein...
»Hält Gott seine Verheißungen?« fragte einst Liesel in der Stunde ihrer Verbannung den alten Vater.
Und Jakob Thiessen antwortete:
»Er hält sie gewiß.«
So will denn auch ich dem Bogen vertrauen, der über unserer Welt ausgespannt ist. Wider alle Vernunft – und wider alle Angst will ich es tun. Die Hoffnung durchhalten! Bin ich es nicht den Vorangegangenen und den Kommenden schuldig?

Elisabeth Thiessen, Hintergrund Mitte, im Kreis der Familie Thiessen, rechts vorne ihr Mann Wanja.

Elisabeth Thiessen nach ihrer Rückkehr aus der Sowjetunion.

Elisabeth Thiessens Weg von Deutschland nach Sibirien.

schero-
udschenk

Inhaltsverzeichnis

Erste Begegnung 7
Das Elternhaus 11
»Laßt die Liesel nicht ins Ausland!« 21
»Es ist ein wunderbares Land« 26
»Ich will dich, Elisabeth Muselmann,
nicht verwaist lassen.« 36
Oktoberrevolution 46
Die Vertreibung 56
»Wißt ihr, was das ist – bettelarm?« 67
Lenins Tod 80
Fort, nur fort von hier! 89
Nach Sibirien verbannt 101
»Mama, wir gehen alle, und du bleibst
allein zurück.« 118
»Es genügt, wenn du seufzest ...« 126
Neue Hoffnung 135
Endlich ein Lebenszeichen! 143
Die fremde Welt des Westens 157
Endlich daheim! 173
Epilog 184

Weitere Bücher von Charlotte Hofmann-Hege:

Alle Tage ist kein Sonntag

Das Geheimnis um Rudolf Schock und die Schloßmagd
176 Seiten, gebunden

Welche Träume gaben wohl den Anstoß für die unzähligen Rosensträuße, die Lina Brandt, Schloßmagd in Bonfeld, dem Kammersänger Rudolf Schock zukommen ließ? Was stimmte an den Gerüchten, die im Dorf kursierten, und was verbarg sich hinter dem heimlichen Besuch von Rudolf Schock im Schloß?
Linas äußeres Leben war karg, aber sie verstand es, ihm in ihrer Liebe zur Musik einen sonntäglichen Glanz zu geben, und diese Traumwelt half ihr, den Alltag zu bestehen. Charlotte Hofmann-Hege offenbart mit dieser Lebensgeschichte die andere Seite der menschlichen Seele, die nur im verborgenen gedeiht und vor neugierigen Blicken versteckt werden muß.

Salzer Verlag GmbH Bietigheim